DOLOMITEN
FASSATAL

Fabrizio Torchio
Enzo Gardumi

KOMPASS Wanderbuch

Auflage: 2002 · ISBN 3-85491-190-4 · Verlagsnummer 983

Text und Fotografie: Fabrizio Torchio, Enzo Gardumi
Übersetzung aus dem Italienischen: Gabriele Holst

Bildnachweis:
Titelbild: Am Sellajoch; Blick auf die Westflanke des Sellamassivs
(Eugen E. Hüsler)
Bild Innentitel Seite 1: Auf dem Gipfel des Sas da Mezdì
Foto S. 111 von Eugen E. Hüsler, Dietramszell

Grafische Herstellung: wt-BuchTeam
Wanderkartenausschnitte: © KOMPASS-Karten GmbH
Höhenprofile: wt-BuchTeam

Da die Angaben eines Wanderführers in der heute so schnelllebigen Zeit fast ständig Veränderungen unterworfen sind, kann für die Richtigkeit keine Gewähr übernommen werden. Auch lehrt die Erfahrung, dass Irrtümer nie ganz zu vermeiden sind. Für Berichtigungen und Verbesserungsvorschläge ist die Redaktion stets dankbar. Korrekturhinweise bitte an folgende Anschrift:

Walter Theil, Adalbert-Stifter-Straße 6, 84518 Garching/Alz
Telefon 0049-(0)8634/68 98 03 · Fax 0049-(0)8634/68 98 04
E-mail: WTheil@t-online.de
oder an
KOMPASS-Karten GmbH, Kaplanstraße 2, A-6063 Rum/Innsbruck,
Telefon 0043-(0)512/26 55 61-0 · Fax 0043-(0)512/26 55 61-8
E-mail: kompass@kompass.at
http://www.kompass.at

Vorwort

»Man stelle sich ein riesiges Amphitheater aus spaltendurchsetzten Wänden und senkrechten Zähnen vor, die sich vor dem Besucher auf einer Höhe von 3000 Fuß aus tiefen Schlünden direkt zu seinen Füßen erheben und in der Rotwandspitze 10200 Fuß erreichen. Die Arme dieses Amphitheaters strecken sich weit nach vorne und umfassen sozusagen das halbe Gesichtsfeld. Überall bildet es einen nackten, traurigen, völlig entblößten Anblick. Geröllmassen rutschen auf dem gesamten Bogen des Amphitheaters hinunter und bedrohen das Muldeninnere. Nur ein schmaler Streifen grün leuchtender Weidefläche bleibt übrig; auf ihm entdeckt man den dunklen Fleck einer Baita, eines Unterstandes. Auch wem es gelingt, sich dies alles vorzustellen, wird nur eine ungenaue Idee haben von dem wirklichen Eindruck dieser Szenerie.»
Mit diesen Worten machte der Anwalt und Botaniker George Churchill im Jahre 1864 die englischen Leser mit der ergreifenden Schönheit des in den Fassaner Dolomiten gelegenen Rosengartens bekannt. Das im gleichen Jahr in London bei Longman & Green unter dem Titel »The Dolomite Mountains« erschienene Werk gehörte zu den ersten jener begeisterten »Tagebücher«, die durch die Ost-Alpen führten. Es bewirkte, dass die Dolomiten in die »Gran Tour« aufgenommen wurden, und läutete damit die Zeit des Fremdenverkehrs in den ladinischen Tälern ein. In diesem berühmten Werk fand der Leser auch authentische Beschreibungen der spektakulärsten Felsentürme Europas und der Ortschaften dazwischen.
Seit dieser Entdeckungsreise sind fast einhundertundvierzig Jahre vergangen, und obwohl die damaligen Saumpfade heute breite, z.T. asphaltierte Straßen geworden und die Bergflanken mit Hütten und Seilbahnbauten übersät sind, schlägt der Zauber der »unzugänglichen spitzen Türme« immer noch Millionen von Besuchern, Bergsteigern, Kletterern in seinen Bann: die verzauberten Türme des Latemar, die sich im Lago di Carezza spiegeln, die großartigen Felsbauten des Rosengartens, die Zähne des Langkofels und die eckigen Wände der Sella. Dann gibt es da noch die Marmolada, das höchste Dolomitenatoll, ständig von Eis bedeckt und mit Blick auf die Monzoni Gruppo und die Pale di San Martino.
Das Fassatal ist das Zentrum der Zauberwelt von König Laurin. Und auch wenn zu Füßen der Bergspitzen die Hütten und Wanderwege inzwischen in die Hunderte gehen, bezaubern uns die Dolomiten heute noch.
So trägt der vorliegende Wanderführer in seiner Auswahl der Wege dieser Realität Rechnung in der Hoffnung, interessante und abwechslungsreiche Touren in einer der schönsten Gegenden Europas anzubieten.

Fabrizio Torchio, Enzo Gardumi

INHALT

Der Gran Vernèl, von den Wiesen bei Canazei aus gesehen.

Einführung

Entlang dem oberen Flusslauf des Avisio liegt das Fassatal eingebettet im Zentrum der West-Dolomiten. Es ist eines der vier ladinischen Täler. Man erreicht es über die Dolomiten-Staatsstraße Nr. 48, die von Ora über den Pordoi-Pass in die Provinz Belluno führt, oder von Cardano (Bozen) aus über die Straße Nr. 241 durch das Eggental und über den Karerpass. Ebenfalls erreichbar ist es vom Grödner Tal auf Straße Nr. 242 über Grödnerpass und Sellajoch, aber auch von der Provinz Belluno aus über den Fedaia-Pass oder gar zu Fuß über den Marmolada-Gletscher.
Es gehört sicherlich zu den malerischsten und sehenswertesten Tälern der Alpen und ist umgeben von wegen ihrer Schönheit berühmten Bergen und Bergketten: Rosengarten, Langkofel und Sella, Marmolada, Manzoni.
Die frühere Weidewirtschaft, Viehzucht sowie das Holzhand-/kunstwerk wurden in den letzten Jahren zum größten Teil durch die wachsende Tourismusindustrie ersetzt, die mittlerweile die erste Stelle der wirtschaftlichen Einnahmen im Tal einnimmt. Bei einer Einwohnerzahl von 8600 ist das Tal mit 15360 Hotelbetten und ca. 20000 zusätzlichen Unterkünften sommers wie winters hoch belastet. Dabei schreitet die touristische Infrastruktur in allen sieben Kommunen des Bezirks C 11 ständig weiter voran. Skistationen gibt es inzwischen auf fast allen zum Fassatal gehörenden Bergen. In Moena sind es die Zentren von Lusia, die mit Bellamonte verbunden sind, und die des San Pellegrino-Passes, verbunden mit dem Passo Vallese bei Falcade. In Vigo di Fassa sind es die Anlagen des Ciampedie und des nahen Karerpasses. Von Pozza di Fassa aus sind es die zum Buffaure, von Campitello die zum Col Rodella führenden Einrichtungen, die wiederum mit dem Sellajoch und Canazei – mit dem bekannten Skizirkus der Sella Ronda – verbunden sind. Andererseits ist Canazei auch verbunden mit den Polen des Belvedere und des Pordoi-Passes (und diese wiederum mit dem Sella-Ronda-Zirkus und dem Pordoi-Joch). Alba hat das Gebiet um den Ciampac und der Fedaia-See profitiert von der Marmolada-Seilbahn (Pian dei Fiacconi).
Die Organisation des Tourismus untersteht dem Fremdenverkehrsamt des Fassatals (Tel. 0462/60 11 13 und 60 13 54).
Die Bevölkerung des Fassatals ist ladinischer Herkunft und bewahrt ihre sprachlichen und kulturellen rätoromanischen Charakteristika. Dadurch entstand eine Insel innerhalb des Trentiner Territoriums, an der Westseite der ladinischen Dolomiten rund um das Sella-Massiv.
Hier werden viele ladinische Traditionen gepflegt, von Karnevalsbräuchen mit Originalmasken bis hin zu typischen Festtags- und

Blick vom Sas da Mezdi auf Vigo und Pozza di Fassa mit dem Rosengarten (links) und dem Langkofel (rechts).

Prozessionsbräuchen und -trachten. In den Legenden des Fassatals tummeln sich die mythologischen Figuren aus den Wäldern, Bergen und Gewässern, und es spiegeln sich in ihnen die Naturereignisse: Überschwemmungen, Bergstürze, versunkene Seen.

Die Landschaft ist typisch für die Dolomiten mit ihren zauberhaften Bergspitzen, Gebirgswänden und bizarren Felsgebilden. Oberhalb der Talwiesen stehen Wälder aus Fichten, Tannen und (Zirbel-)Kiefern, dann folgen die von Gestrüpp durchsetzten Viehweiden und die Schnittwiesen, auf denen Heustadel stehen. In den Hochtälern und auf den höchsten Karen bleibt der Schnee das ganze Jahr über liegen. Viele Gipfel sind mehr als 3000 m hoch, und über allen thront die Marmolada mit ihren 3343 m.

Kaum zu zählen sind die Wander- und Klettermöglichkeiten: Ein ausgedehntes Wegenetz und eine große Zahl von Klettersteigen machen aus dem Fassatal ein wahres Paradies für Bergfreunde. Rifugi und Almhütten (viele mit Agritourismus, die italienische Form von »Urlaub auf dem Bauernhof«) gibt es auf fast jedem Berghang. Bei der Planung einer Mehrtagestour mit Übernachtung in einer Hütte muss man vor allem im Sommer mit großem Andrang rechnen. Shuttle-Busse machen es möglich, verschiedene Wege miteinander zu verbinden. Fahrpläne sind bei den APT-Büros, den Fremdenverkehrsämtern der Provinzen, zu erhalten.

Unterwegs auf dem Wanderweg Troi dei Ladins; im Hintergrund baut sich mächtig der Col Rodella auf.

Blick von Weg Nr. 579 zwischen Ronca und dem Udai-Tal auf das mächtige Sella-Massiv.

Geschichte

Wie im Fleimstal so gehen auch auf den Fassa-Bergen die ersten Nachweise menschlicher Gegenwart auf die Wanderungen der Jäger und Sammler während der Altsteinzeit zurück. Nach dem Ende der letzten Eiszeit folgten weitere Wanderbewegungen, deren Spuren man auf den Graten des Lagorai, am Sellajoch sowie auf dem Grödnerpass fand. Sie markieren den Beginn des langen Entwicklungsprozesses vom Nomadentum zur Sesshaftigkeit. Über die Jagd und das Fischen kam man zur Viehzucht und zum Ackerbau. Um 2000 v. Chr. traten die ersten Metalle auf, während der Eisenzeit kam es im Fassa-Gebiet zu ersten Ansiedlungen, vermutlich Fluchtburgen. Nach dem Rätischen Krieg, den Drusus gewann, wurde das Fleimstal romanisiert. Im Fassatal jedoch hat man bis heute keine ausreichenden Zeugnisse einer römischen Herrschaft gefunden, auch wenn man heute die »Flamonienser« der Römer als die Bewohner dieses Tales identifiziert. Das älteste bekannte Dokument für Fassa stammt aus dem Jahr 1124; vermutlich bestanden aber bereits vorher feste Siedlungen. Ähnlich wie im Fleimstal entwickelte sich auch im Fassatal – nachdem es unter die Rechtsprechung des Fürstbischofs von

Brixen gelangt war – der Wunsch nach Autonomie, und es entstand die in den sette comuni (den sieben Gemeinden) aufgeteilte Comunità di Fassa.
Nach dem Bau der Verbindungsstraße zum Etschtal, die 1860 eingeweiht wurde, erkannte man erst den touristischen Wert vieler Orte, besonders nachdem sich dann der Alpinismus in den Dolomiten ausbreitete (Predazzo war bereits früher wegen seines Mineralienreichtums bei den Geologen bekannt).
So hing die Entwicklung des Tourismus stark mit dem Alpinsport zusammen und man konzentrierte sich bis zum Ende des letzten Jahrhunderts auf den Bau von rifugi (Hütten), vor allem in den Berggruppen des Rosengartens, des Langkofels, der Sella und der Marmolada.
Nur wenige Jahre später sollte gerade die Marmolada zu einem heiß umkämpften Ort während des Ersten Weltkriegs werden. Auch die Bergkette des Lagorai litt heftig unter den Kriegshand lungen im Ersten Weltkrieg, vor allem als die Österreicher im Fleimstal eine wichtige zweite Verteidigungslinie errichteten.
Am Ende des Krieges kamen die beiden Täler zu Italien. Nach dem Zweiten Weltkrieg entstanden dann neben den traditionellen Wirtschaftsformen (Ackerbau, Viehzucht, Weidewirtschaft und Holzhandel) durch den Tourismus weitere und vor allem neue Einnahmequellen.

Geologie

Das Fassatal erstreckt sich von Predazzo im Westen bis nach Canazei. Es befindet sich im westlichen Teil der Dolomiten und ist umgeben von bekannten Bergmassiven wie der Sellagruppe, der Marmolada und dem Latemar. Die Dolomiten stehen auf einem Sockel, der von der Bozner Porphyrplatte gebildet wird. Der Avisio, ein linker Nebenfluss der Etsch, hat mit seinen Nebenarmen und Bächen romantische und wilde Tälchen eingeschnitten, die es ermöglichen, die Struktur und die Schichtung der Gebirge zu erkennen. Geologisch gesehen gehört das Gebiet zu den Südalpen. Das Etschtal im Westen und das Valsugana im Süden folgen dem Verlauf der wichtigsten Verwerfungen dieser Gegend. Entlang dieser Verwerfungen entstanden aufgrund der tektonischen Bewegungen während der alpinen Gebirgsbildung die Dolomiten, eine eindrucksvolle Sedimentlagerstätte, die später der Erosion preisgegeben war. In seinem unteren Abschnitt – genau gesagt im Cembratal und im Westteil des Fleimstals bis nach Tesero – fließt der Avisio fast ausschließlich durch rotes Gestein, den sogenannten Quarzporphyr. Diese eindrucksvollen Felsformationen verdanken ihren Ursprung heftigen Vulkaneruptionen, bei denen Schmelztuffe oder Ignimbrite entstanden, gasreiche Gemische aus heißen

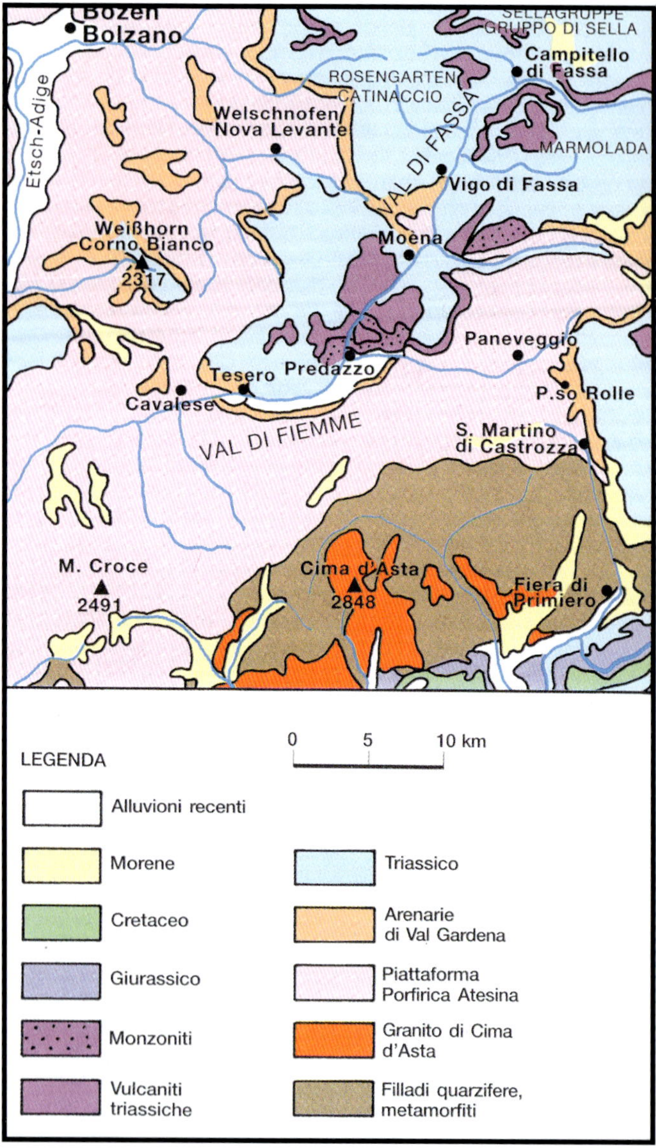
Bozen
Bolzano
Etsch-Adige
SELLAGRUPPE
GRUPPO DI SELLA
Campitello
di Fassa
ROSENGARTEN/
CATINACCIO
VAL DI FASSA
Welschnofen/
Nova Levante
MARMOLADA
Vigo di Fassa
Weißhorn
Corno Bianco
2317
Moèna
Paneveggio
Tesero
Predazzo
Cavalese
P.so Rolle
VAL DI FIEMME
S. Martino
di Castrozza
M. Croce
2491
Cima d'Asta
2848
Fiera di
Primiero
0
5
10 km
LEGENDA
Alluvioni recenti
Morene
Triassico
Cretaceo
Arenarie
di Val Gardena
Giurassico
Piattaforma
Porfirica Atesina
Monzoniti
Granito di Cima
d'Asta
Vulcaniti
triassiche
Filladi quarzifere,
metamorfiti

Glasteilchen, Kristallen und größeren Teilchen.
Die Bozner Porphyrplatte ist einzigartig in Europa und hat eine Dicke von mehr als 3000 m. Während des Perm, vor etwa 270–290 Millionen von Jahren, dehnte sie sich über mehr als 2000 qkm aus. Gegen Ende jener Zeit kam die Vulkantätigkeit zum Erliegen, und die Erosion begann, die Oberflächen zu bearbeiten. Aus den Bruchstücken entstand schließlich der so genannte Grödener Sandstein.
Mit dem Aufbrechen des Urkontinents, der Pangaea, drang von Osten her das Meer ein. Es lagerte die mächtigen Schichten der Venetischen Voralpen im Süden sowie die der Dolomiten im Norden ab. In diesen tausende von Metern dicken, meist horizontal gegliederten Schichten lagerten sich in der Hauptsache Karbonate aus der Trias ab (Dolomiten) bzw. aus dem Jura und der Kreide (Venetische Voralpen). Während der Trias sedimentierten auf den Felsenriffen (Schlerndolomit) und in den Lagunen (Hauptdolomit) vor allem die Kalke und Dolomite seichter Gewässer. Das Wachstum der Korallenriffe wurde immer wieder von starker Vulkantätigkeit unterbrochen oder für immer blockiert. Die zungenförmigen Becken zwischen den Felsmassiven wurden durch Sande und Tone vulkanischen Ursprungs aufgefüllt. So entstanden die Schichten von Cassian und La Valle. Diese kontrastieren mit den hellen, steilen Kalk- und Dolomitwänden der tafelförmigen Stöcke. Über den Raibler Schichten, die sich in charakteristischer Weise auflösen, finden wir den Hauptdolomit.
Während des Jura, als sich das Thetys-Meer bildete, sank der Meeresboden ab. Ein für jene Zeit typisches Gestein ist der Rosso Ammonitico, ein roter Kalkstein mit zahlreichen Ammoniten. Die besonders feinkörnigen Karbonate der Tiefengewässer aus der Kreidezeit setzen sich aus Myriaden von mikroskopisch kleinen Kalkskeletten des Nanoplankton zusammen (Biancone).
Das Auftauchen der Bozner Porphyrplatte und der auf ihr abgelagerten Meeressedimente führte zu einer gewaltigen Abtragung der Jura- und Kreidegesteine in den Westdolomiten. Von diesem Erosionsprozess nicht betroffen waren die Sedimente der Kreidezeit auf dem Westband des Etschtals und auf den Hochflächen der Venetischen Voralpen. In den Dolomiten findet man heute jedoch nur noch wenige Gesteinsreste jurassischen Ursprungs, vorwiegend auf den Gipfeln. Diese Vorkommen stehen in Zusammenhang mit starken tektonischen Bewegungen. Man findet sie in der Sellagruppe und den Gipfeln der Puez-Gruppe; das sind die klassischen Stellen für die sogenannten Gipfelüberschiebungen.
Das Gebiet rund um das Fassatal ist ein Paradies für Mineralien-

sammler und Geologen geworden. Während der Trias drangen die Lavaströme in die Karbonatformationen ein (Intrusion) und verfestigten sich an Ort und Stelle. So entstand ein vorwiegend aus Feldspat, Pyroxen und Hornblende bestehendes Gestein, das man nach der Monzoni-Gruppe Monzonit nennt. Das glühend heiße Magma kam in direkten Kontakt mit dem umgebenden Gestein und wandelte die Kalksteine und Dolomite um. Durch diese Kontaktmetamorphose und die daran anschließende Abkühlung entstanden neue Mineralien. Im Fassatal gibt es zahlreiche berühmte Mineralfundstellen. Denken wir nur an den braunen Vesuvianit auf blauem Kalzit, an den hellgrünen Fassait, eine Pyroxen-Varietät, an den Almandin (Eisen-Aluminium-Granat) und an die Spinelle. Im Osten von Pera, bei Le Pale, finden sich in den Augitporphyren und den Melaphyren der Schichten von La Valle (mittlere Trias) große Kristalle roten Heulandits, eines enthaltenen Tektosilikats aus der Zeolithgruppe.
Am Südrand der Bozner Porphyrplatte hat die Verwitterung die darunterliegenden Quarzphyllite und die Gneise aus dem Paläozoikum freigelegt. Dabei handelt es sich um älteste Schiefergesteine aus der Zeit von vor mehr als 275 Millionen Jahren. In diese Gesteine intrudierte granitisches Magma und kristallisierte aus. Der Gipfel der Cima d'Asta besteht aus diesem imponierenden Intrusionskörper.
Während der jüngsten geologischen Zeit, des Quartärs, waren auch die Dolomiten vom Eispanzer der alpinen Eiszeit bedeckt, und zwar bis zu einer Höhe von 2300–2500 m. Die höchsten Gipfel ragten also darüber hinaus. Die Gletscher haben die Landschaft geformt, und in den Tälern haben sie große Mengen Moränenschutt abgelagert.

Pflanzen und Tiere

Im Fassatal herrscht – verglichen mit dem Fleimstal – ein raueres Kontinentalklima. Deshalb bestehen die Wälder vorwiegend aus Fichten, durchsetzt mit einigen Lärchen. Die Weißtanne findet man nur im Tal und auf den mittleren Höhen. Auch Kiefern sind selten, bis auf die Zirbelkiefern in größeren Höhen und den Latschenkiefern, die noch weiter oben zu finden sind.
Insgesamt ist die Waldfläche mit 8000 ha Nadelwald – das sind 47% der gesamten Produktionsfläche – ziemlich groß. Die Fichte liefert drei Viertel des gesamten Holzertrags im Tal. Aber auch Weideflächen gibt es ausreichend: mehr als 7000 ha. Ackerflächen und Schnittwiesen nehmen nur noch etwa 1000 ha ein, das ist die Hälfte von vor einigen Jahren.

Was die Tierwelt betrifft, so findet man im Fassatal die gleichen

Die Crepa Neigra, vom Ciampac-Talkessel aus gesehen.

Tiere wie in den anderen Dolomitentälern. Raubtiere wie Bär und Wolf sind längst ausgestorben, nur der Luchs zeigt sich noch in den nahen Lagorai-Bergen. Die häufigsten Säugetiere sind die Huftiere, doch die starke Präsenz von Wanderern und Bergsteigern veranlasst viele Tiere sich in immer kleiner werdende Gebiete zurückzuziehen. Noch immer bevölkert Rehwild die Wälder, nähert sich sogar häufig den Ortschaften. Typisch für die höheren Bergregionen ist die Gämse, die man sogar am helllichten Tag auf abgelegenen Schnee- und Geröllfeldern beobachten kann. Auch der Hirsch zieht sich immer mehr zurück, ist aber im Fleimstal stark vertreten. Weit verbreitet ist das Murmeltier. Das Nagetier liebt die hoch gelegenen Geröllfelder und Wiesen. Dann gibt es noch das Wiesel, den Steinmarder, den Baummarder und das Hermelin. Unter den Vögeln sind die Raufußhühner und andere Hühnervögel stark vertreten: Birkhuhn, Haselhuhn und Rebhuhn. Das Auerhuhn ist in seinem angestammten Umfeld stark reduziert und fast schon ausgestorben. Zu den im Fassatal vorhandenen Greifvögeln zählen der Steinadler, der Mäusebussard, der Sperber und der Falke.

Klima

Das Klima im Fassatal ist kontinental-alpin mit harten Wintern und kurzen, frischen Sommern. Die wichtigsten Wetterdaten nach der »Carta Forestale del

Sicht vom Klettersteig delle Scalette auf die Berge rund ums Val Giumela.

Trentino« liefern die meteorologischen Stationen in Mazzin (1379 m) und vom Fedaia-See (2050 m). Im Talort Mazzin beträgt die höchste Durchschnittstemperatur im Juli 23° Grad Celsius, im Juni 20,5°, im August 22,5°. Die tiefste Durchschnittstemperatur liegt bei -11,5° im Januar. Der regenreichste Monat ist der Juli, gefolgt vom Juni und August. Am trockensten sind September und Mai mit 8–10 Regentagen sowie Oktober und auch November mit 9 bzw. 8 Regentagen. Am Fedaia-See, der ungefähr auf gleicher Höhe liegt wie die Fassaner Dolomiten, erreicht die höchste Durchschnittstemperatur im Juli 15,8°, im August 15,1°, im September 13,3° und im Juni nur 12,8° Celsius. Die tiefste Durchschnittstemperatur liegt bei 9,3° im Januar und Februar. Der regenreichste Monat ist der Juli, gefolgt vom Juni und August. Der September ist der trockenste Monat (8 Regentage im Vergleich zu 15 im Juni), gefolgt von Oktober (9 Regentage) und November.

Ortschaften im Fassatal

Moena

Geographisch und sprachlich zum Fassatal gehörig, wird Moena seit Jahrhunderten vom Fleimstal verwaltet, gehört aber zum ladinischen Bezirk von Fassa C 11. Auf einer Höhe von 1184 m liegt Moena an der Mündung des San Pellegrino-Tals ins Fassatal. Der Ort hat 2600 Einwohner, 3062 Hotel- und Pensionsbetten und 4886 zusätzliche Unterkünfte. Er liegt in einer der schönsten Dolomitentalmulden mit Blick auf

Latemar, Rosengarten, Langkofel und Monzoni und gehört mit seinen vielen Hotels, Pensionen und Gasthäusern zu den Touristenzentren des Tals, hat sich aber in seinen alten Dorfteilen - Zalejada, Zotegrava, Molin, Turchia, Ischiacia u.a. - ein immer noch interessantes traditionelles Aussehen bewahrt. So gibt es beispielsweise in Turchia einen Heustadel (tabià) aus dem Jahr 1586. Eine große Tradition hat das Holzkunstwerk und die Schnitzerei. Sehenswert ist die Kirche San Vigilio auf dem Hügel von Zoravìa. Sie wurde 1164 geweiht, viele Male vergrößert und restauriert, besitzt einen 40 m hohen gotischen Turm und besteht aus drei Schiffen und einer Kuppel. Direkt daneben steht die Kapelle St. Wolfgang. Sie wurde 1205 auf einer heidnischen Kultstätte errichtet. Die touristische Ausstattung von Moena ist erster Klasse. Wer seine Kenntnisse in ladinischer Geschichte, Kultur und Sprache vertiefen will, sollte z.B. die Gemeindebibliothek beim Rathaus auf der Piazza Battisti besuchen.

Soraga.
Zwischen Moena und Vigo di Fassa liegt auf 1207 m Soraga, eines der ältesten Dörfer des Tals (ca. 600 Einwohner, 827 Hotelbetten, 1137 zusätzliche Unterkünfte), am Ufer des Avisio und am Nordende des vom Fluss gebildeten Sees. Die ältesten Häuser befinden sich auf den Schwemmlandterrassen von Soraga, Palua, Palù Long, Barbide, Roca usw. Obwohl Touristenzentrum, besitzt das Dorf doch noch einige alte Häuser mit sakralen Wandmalereien. Neben dem Tourismus findet man Hand- und Kunstwerk wie Malerei, Schnitzerei und andere Holzarbeiten sowie Möbel. Sehenswert ist die Peter-und-Pauls-Kirche, eine der ältesten Kirchen des Fassatals. Sie hat einen geschnitzten Barockalter und einen Kreuzweg.

Vigo di Fassa.
Zusammen mit San Giovanni di Fassa bildet Vigo ein gut bevölkertes und stark frequentiertes Zentrum. Es liegt auf einer Höhe von 1323 m – 1382 m an der Mündung der Eggentalstraße. Seit Jahrhunderten ein politisches, juristisches und administratives Zentrum des Tals erstreckt sich der Ort auf den Hängen des Rosengartens. Dazu gehört auch der Hügel, auf dem sich die gotische Kirche St. Giuliana befindet, eine der schönsten Kirchen im Trentino. Dazu gehört die ebenfalls gotische Kapelle San Maurizio, der vermutlich älteste noch existierende Sakralbau des Fassatals. In San Giovanni befindet sich darüber hinaus das Kulturinstitut »Majon di Fashegn«, das Zentrum des ladinischen Museums von Fassa (im Sommer geöffnet: 10–12 und 15–19 Uhr, samstags 15–19 Uhr, sonntags geschlossen, Tel.: 0462/76 42 67), mit lokalen Abteilungen, die von

Das obere Fassatal mit Col Rodella und Sella.

Juni bis September zu den gleichen Zeiten wie das Museum geöffnet sind. Architektonisch ist es der Tabià von Pieif, einem monumentalen Heustadel neben dem Pfarrhaus von Pieve di Fassa, nachempfunden. Das Museum sammelt, ordnet und studiert als ladinisches Kulturinstitut die Dokumente der Wissensgebiete Wirtschaft, Sprache und Folklore, der Mythologie und der ladinischen Bräuche. (Auch der historische Kern von San Giovanni zeigt eine beeindruckende Architektur.) Das Institut sorgt für die Verbreitung des Wissens um die ladinische Sprache und verfügt über eine Spezialbibliothek mit 3500 Bänden, ein Fotoarchiv, eine Film- und Tonträgersammlung sowie über ein Archiv historischer Dokumente. Das Erdgeschoss beherbergt eine ethnographische Ausstellung, die Einblick gibt in die traditionelle Fassaner Gesellschaft (zwei Säle).

Pozza di Fassa, Pera di Fassa

An der Mündung des San Nicolò-Tals und des Vajolettals auf einer Höhe von 1325 m gelegen, sind Pozza, Meida und Pera mit insgesamt 1670 Bewohnern, 2617 Hotelbetten und 6145 weiteren Unterkünften beliebte Touristenorte. In Pozza befindet sich eine Kirche aus dem Jahre 1957: Maria Ausiliatrice, Maria die Hilfreiche. Sie hat einen schlanken Turm, einen Kreuzgang und ein Altarbild aus dem 18. Jahrhundert. Die alte Kirche befindet sich in Meida. Das Dorf Pera, aus dem der bekannte Bergsteiger Tita Piaz stammt, ist ziemlich auseinandergezogen, hat aber eine schöne Kirche aus dem Jahre 1603 - San Lorenzo - mit Ausschmückungen des Wandermalers Bernard.

Mazzin di Fassa

Der Ort liegt auf einer Höhe von 1372 am Fuße der Rosengartentäler, hat etwas mehr als 400 Einwohner und 971 Hotelbetten sowie 736 weitere Unterkünfte. Sehenswert ist die Kirche St. Maria Maddalena, die noch vor 1570 entstanden ist und über eine gotische Apsis, drei geschnitzte Holzaltäre sowie ein großes Altarbild von Detomas verfügt. Interessant ist auch die Casa Battel (auch »castello« genannt), ein bäuerlich-herrschaftlicher Bau mit Turm, Resten von Malereien und einem Heuschober.

Campestrin, Fontanazzo, Campitello di Fassa.

Campestrin (1371 m) und Fontanazzo (1395 m) sind heute genauso wie Campitello (700 Einwohner, 1870 Hotelbetten, 1373 weitere Unterkünfte) zu Touristenorten geworden. Sehenswert in Fontanazzo ist die Kirche der Madonna del Carmine (Fresken in der Apsis aus dem 19. Jahrhundert, Schnitzaltar).

Campitello di Fassa (1448 m), an der Mündung des Duron-Tals gelegen, war die Wiege des Dolomiten-Alpinismus gegen Ende des 19. Jahrhunderts. Oberhalb der Häuser thront die Kirche SS. Filippo e Giacomo mit asymmetrischem Turm, Schindeldach, Fresken aus dem 15. Jahrhundert und Kreuzweg.

Canazei, Alba, Penìa

Auf einer Höhe von 1468 m gelegen ist Canazei der bedeutendste Touristenort des Fassatals, ja überhaupt einer der wichtigsten im Alpengebiet. Die Touristeneinrichtungen sind auf hohem Niveau, so auch der dazugehörige Teil des Skizirkus »Sella Ronda«. Die drei alteingesessenen Ortschaften wurden total vom großen Bauboom erfasst. Trotzdem haben sich einige alte Bauernhäuser aus Holz erhalten können. Die Gemeinde zählt 1722 Bewohner bei einer Bettenzahl von 4185 sowie weiteren 3772 Unterkünften (vorwiegend Saisonbesucher). Interessant ist die Kirche zum Heiligen Herzen (Sacro Cuore) mit Fresken und Schnitzereien, aber auch die Florianskirche aus dem 16. Jahrhundert mit Werken Fassaner Maler.

Tipps und Ratschläge

SCHWIERIGKEITS-BEWERTUNG

Die vorgestellten Wanderungen sind ihrem Anforderungsprofil entsprechend farblich gekennzeichnet. Das erleichtert die Wahl des Tourenziels.

▼ BLAU Leichte Wanderungen auf gut ausgebauten, meist kurzen Wegen und Pfaden, keine größeren Steigungen und

Die Nummer der Bergrettung ist **118**. Wer ein Sender- und Empfangsgerät besitzt, muss dieses auf die Frequenz **SAT 160 462,5 MHz** abstimmen. Der Ruf – vorausgesetzt er wird gehört – alarmiert die nächste Rettungsstelle.

Im Fleims- und Fassatal gibt es insgesamt vier Bergrettungsstationen:
Alta Val di Fassa (**0462/60 23 27**), Centro Fassa (**0462/76 90 80**), Moena (**0462/57 34 36**) und Tesereo (**0462/81 45 75**).
Die Direktion der **SAT-Bergrettung** befindet sich in Trento (**0461/233166**).

keine Orientierungsprobleme. Auch für Familien geeignet.

▼ ROT Berg- und Gipfeltouren mit größeren Höhenunterschieden; auch weglose (aber markierte bzw. beschilderte) Abschnitte im Geröll oder in leichten Schrofen. Die Tour kann an abschüssigen Hängen vorbeiführen; ausgesetzte Wegstrecken bzw. kurze felsige Passagen sind gesichert oder mit Stufen, Sprossen und Seilen erleichtert. Keine Spezialausrüstung notwendig, aber Orientierungsvermögen und Erfahrung im Gebirge sowie entsprechende Bekleidung werden vorausgesetzt.

▼ SCHWARZ Anspruchsvollere Touren mit längeren felsigen, ausgesetzten und seilgesicherten Wegabschnitten; mit steilen Anstiegen und teils kurzen, aber nicht steilen Schneepassagen; Klettersteiggelände. Trittsicherheit, Bergerfahrung und Schwindelfreiheit sowie eine gute Kondition und die richtige Ausrüstung sind unerlässlich.

KLETTERSTEIGE
Die Dolomiten sind ein Dorado für Klettersteigler. Auch in den Bergen des Fassatals gibt es mehrere Vie ferrate; sie werden in diesem Führer teilweise vorgestellt. Dafür ist eine entsprechende Klettersteigausrüstung notwendig (Helm, Klettersteigset), aber auch die Kenntnis im Umgang mit derselben.

ZEITANGABEN
Bei den angegebenen Zeiten handelt es sich um Durchschnittswerte der reinen Gehzeit ohne Pausen. Sie können – je nach Alter und/oder Kondition – stark unter- bzw. überschritten werden. Mit zu berücksichtigen sind beim Zeitaufwand für eine Tour auch Faktoren wie das Wetter (rutschige Wege usw.), Wartezeiten bei Klettersteigpassagen u.ä.

HÖHENPROFILE
Das Diagramm vermittelt auf einen Blick einen ersten Eindruck von der Länge der Tour (km) und dem Höhenunterschied (m), der zu bewältigen ist. Ebenfalls abzulesen sind die absoluten Höhen sowie die Gehzeiten.

ORIENTIERUNG
Der KOMPASS-Wanderführer dient nicht nur der Vorbereitung

Canazei, Alba und Penia im hinteren Teil des Contrintals.

auf die Tour; er soll auch unterwegs zu Rate gezogen werden, am besten in Verbindung mit der KOMPASS-Wanderkarte Nr. 59 »Sellagruppe« im Maßstab 1: 50.000 oder den KOMPASS-Karten der Dolomiten-Südtirolreihe im Maßstab 1:25.000.

Nr.	Tour	Höhenmeter	Gehzeit	Seite
1	Rundwanderung Soraga – Tamion	350	2¾	24
2	Spaziergang zu den Heustadeln	150	1½	26
3	Zur Punta Masarè	600	4	28
4	Masarè- und Rotwand-Klettersteig	670	4½	30
5	Rund um die Tschager Spitze	700	5¼	32
6	Santner-Klettersteig	850	5¾	34
7	Fassaner Höhenweg	300	3¾	36
8	Cigolade-Rundwanderung	600	5¼	38
9	Zum Grasleitenpass und zurück	660	5¼	40
10	Auf den Kesselkogel	1200	7	42
11	Über den Sentiero delle Scalette	1250	7	44
12	Durch das Dona-Tal und auf den Ponsin	900	6	46
13	Durchs Dona- und Durón-Tal	900	5	48
14	Der Friedrich-August-Weg	150	4	50
15	Rund um den Col Rodella	1260	6	52
16	Rund um Langkofel und Plattkofel	400	5¾	54
17	Rund um den Plattkofel	600	5½	56
18	Der Oskar-Schuster-Steig	1200	7	58
19	Rund um den Langkofel	550	4¼	60
20	Pößnecker Klettersteig	1000	7	62
21	Der Pisciadù-Klettersteig	640	4	64
22	Vom Sass Pordoi zum Piz Boè	400	3	66
23	Vom Boè zum Rifugio Vallon	450	6	68
24	Via Ferrata Cesare Piazetta	910	5¼	70
25	Der Bindelweg	120	2	72
26	Rundwanderung zur Porta Vescovo	420	4	74
27	Via Ferrata delle Trincee	700	4	76
28	Marmolada-Klettersteig	750	5½	78
29	Der Fedaia-Rundweg	950	5¼	80
30	Zum Rifugio Contrin	630	3½	82
31	Rund um den Colàc	450	4½	84
32	Via Ferrata dei Finanzieri	580	4½	86
33	Der Lino-Pederiva-Weg	800	4¼	88
34	Ciampac-Rundwanderung	400	2½	90
35	Rund um die Crepa Neigre	1000	6	92
36	Der Sass d'Adam und das Val Giumela	400	4½	94
37	Zum Rifugio Passo San Nicolò	600	3½	96
38	Über den Col Ombert	940	5¾	98
39	Lagusèl und die Wasserfälle	520	3¾	100
40	Rund um den Lagusèl	660	3¾	102
41	Zum Rifugio Le Selle	900	5	104
42	Der Sentiero Gino Badia	1000	5	106
43	Rund um den Sasso delle Undici	1222	6¼	108
44	Cima Dodici und Sass Aut	1350	8	110
45	Rund um die Cima Dodici	1130	6½	112
46	Zum Piz Medea	940	5½	114
47	Der Bepi-Zac-Klettersteig	1000	6½	116
48	Der Mariotta-Höhenweg	250	4	118
49	Rund um den Grontón	1180	8	120
50	Der Sas da Mezdi	480	3	122
51	Der Grontón-Klettersteig	740	6¼	124

Einteilung nach Gehzeit

	Nr.	Tour
bis 2 Std	2	Spaziergang zu den Heustadeln
	25	Der Bindelweg
bis 3 Std	1	Soraga – Tamion
	22	Vom Sass Pordoi zum Piz Boè
	34	Ciampac-Rundwanderung
	50	Der Sas da Mezdi
bis 4 Std	3	Zur Punta Masarè
	7	Fassaner Höhenweg
	14	Der Friedrich-August-Weg
	21	Der Pisciadù-Klettersteig
	26	Zur Porta Vescovo
	30	Zum Rifugio Contrin
	37	Zum Rif. Passo San Nicolò
	39	Lagusèl und die Wasserfälle
	40	Rund um den Lagusèl
	48	Der Mariotta-Höhenweg
bis 5 Std	4	Masarè- und Rotwand-Klettersteig
	13	Durchs Dona- und Durón-Tal
	27	Via Ferrata delle Trincee
	31	Rund um den Colàc
	32	Via Ferrata dei Finanzieri
	33	Der Lino-Pederiva-Weg
	36	Sass d'Adam und Val Giumela
	42	Der Sentiero Gino Badia
bis 6 Std	5	Rund um die Tschager Spitze
	6	Santner-Klettersteig
	8	Cigolade-Rundwanderung
	9	Zum Grasleitenpass und zurück
	12	Dona-Tal und auf den Ponsin
	15	Rund um den Col Rodella
	16	Rund um Langkofel und Plattkofel
	17	Rund um den Plattkofel
	19	Rund um den Langkofel
	23	Vom Boè zum Rifugio Vallon
	24	Via Ferrata Cesare Piazetta
	28	Marmolada-Klettersteig
	29	Der Fedaia-Rundweg
	35	Rund um die Crepa Neigre
	38	Über den Col Ombert
	41	Zum Rifugio Le Selle
	46	Zum Piz Medea
über 6 Std	10	Auf den Kesselkogel
	11	Über den Sentiero delle Scalette
	18	Der Oskar-Schuster-Steig
	20	Pößnecker Klettersteig
	43	Rund um den Sasso delle Undici
	44	Cima Dodici und Sass Aut
	45	Rund um die Cima Dodici
	47	Der Bepi-Zac-Klettersteig
	49	Rund um den Grontón
	51	Der Grontón-Klettersteig

Einteilung nach Schwierigkeiten

Nr.	Tour
1	Rundwanderung Soraga – Tamion
2	Spaziergang zu den Heustadeln
7	Fassaner Höhenweg
14	Der Friedrich-August-Weg
19	Rund um den Langkofel
25	Der Bindelweg
30	Zum Rifugio Contrin
34	Ciampac-Rundwanderung
37	Zum Rifugio Passo San Nicolò
39	Lagusèl und die Wasserfälle
40	Rund um den Lagusèl
3	Zur Punta Masarè
5	Rund um die Tschager Spitze
8	Cigolade-Rundwanderung
9	Zum Grasleitenpass und zurück
12	Dona-Tal und auf den Ponsin
13	Durchs Dona- und Durón-Tal
15	Rund um den Col Rodella
16	Rund um Langkofel und Plattkofel
17	Rund um den Plattkofel
22	Vom Sass Pordoi zum Piz Boè
26	Zur Porta Vescovo
29	Der Fedaia-Rundweg
31	Rund um den Colàc
35	Rund um die Crepa Neigre
36	Sass d'Adam und Val Giumela
41	Zum Rifugio Le Selle
46	Zum Piz Medea
48	Der Mariotta-Höhenweg
50	Der Sas da Mezdi
33	Der Lino-Pederiva-Weg
38	Über den Col Ombert
43	Rund um den Sasso delle Undici
4	Masarè- u. Rotwand-Klettersteig
6	Santner-Klettersteig
10	Auf den Kesselkogel
11	Über den Sentiero delle Scalette
18	Der Oskar-Schuster-Steig
21	Der Pisciadù-Klettersteig
23	Vom Boè zum Rifugio Vallon
24	Via Ferrata Cesare Piazetta
27	Via Ferrata delle Trincee
28	Marmolada-Klettersteig
32	Via Ferrata dei Finanzieri
42	Der Sentiero Gino Badia
44	Cima Dodici und Sass Aut
45	Rund um die Cima Dodici
47	Der Bepi-Zac-Klettersteig
49	Rund um den Grontón
51	Der Grontón-Klettersteig

1

Rundwanderung Soraga – Tamion

Ausgangs-/Endpunkt: Soraga (1215 m).
Zugang: Von der Staatsstraße 48 am nördlichen Ortseingang von Soraga erreicht man die Brücke über das Flüsschen Barbide (1215 m) in der via Molin (beim Hotel Sayonara)
Höhenunterschied: 350 m.
Gehzeit: 2¾ Std.

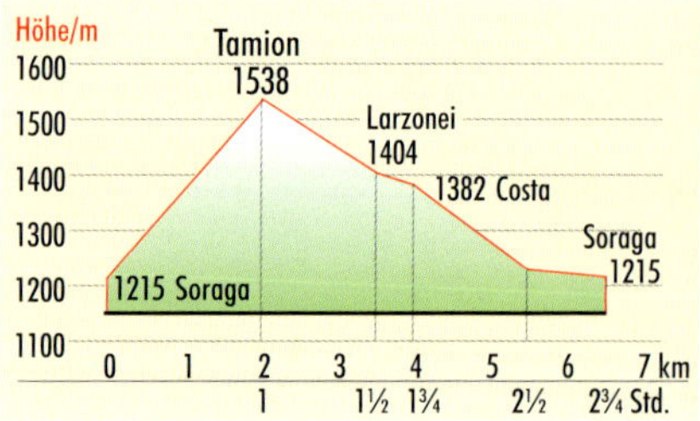

Charakter: Leichte Wanderung, teils auf Schotterwegen; kurze Passage auf Asphaltstraße.
Einkehr: Unterwegs keine.
Karten: KOMPASS Nr. 618, 619, 629 (1:25.000), Nr. 59 (1:50.000).

Von der Brücke über den Barbide (1215 m) erreichen wir in westlicher Richtung die letzten Häuser des Ortes **Barbide** (Immaculata-Kirchlein aus dem 17. Jh.). Zwischen den Häusern folgen wir den Zeichen für den Wanderweg 556 in Richtung Tamion. Er steigt vom Dorf in Richtung Norden auf entlang einem Hang aus Wiesen und Waldabschnitten.

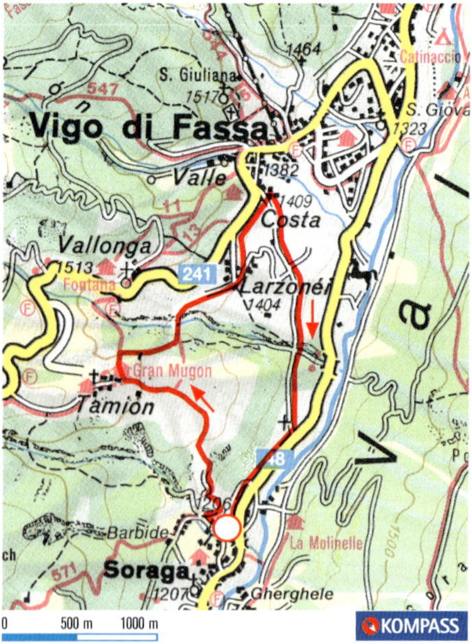

Auf regelmäßig gemähten Nutzwiesen erreichen wir einen sehr hübschen Panoramarücken mit Blick auf den Rosengarten. Zwischen Heuschobern steigen wir auf einem Schotterweg, der von hier in nordwestlicher Richtung abgeht, weiter über

Tamion, im Hintergrund das obere Fassatal.

ausgedehnte Wiesen und erreichen **Tamion**, den höchst gelegenen Vorort von Vigo, von dem man gut die Bergbauernhäuser und die Häuser im Tal sehen kann.

Nur wenig höher befindet sich der Abzweig nach Vallonga (10 Min.). Wir gehen jedoch rechts weiter Richtung Larzonei durch das vom Vallace-Bach feuchte Tälchen und kommen zu einem Schotterweg, der quer durch die Wiesen nach **Larzonei** (Name vermutlich von den Lärchenwäldern) führt, das sich aus einem mittelalterlichen Ansitz entwickelt hat.

Wir steigen auf einer Asphaltstraße hinauf und erreichen südlich von Vigo di Fassa in der Nähe des Hotels Belvedere die **Staatsstraße 241**. An ihr entlang wandernd steigen wir rechter Hand Richtung Belvedere ab, biegen danach rechts in Richtung **Costa** ab und gehen am rechten Ufer des Baches Vaèl weiter.

Der Weg wendet sich nach rechts und steigt zwischen Wiesen zu einem Absatz (1229 m) auf der Staatsstraße 48 ab. Auf der Asphaltstraße geht es ohne großen Höhenunterschied zum Ausgangspunkt nach **Soraga** zurück.

Tipp

In Tamion sehenswert: die Dreieinigkeitskirche aus dem 17. Jh., mit einem Schindeldach, einem bemerkenswerten Holzkruzifix und Gemälden; außerdem etliche verstreut liegende charakteristische Bauernhöfe.

Spaziergang zu den Heustadeln (tabià)

Ausgangs-/Endpunkt: Abzweig nach Larzonei (1424 m).
Zugang: Vom Zentrum von Vigo di Fassa auf der Staatsstraße 241 bis zum Hotel Bellavista (Abzweigung nach Larzonei).
Höhenunterschied: 150 m.
Gehzeit: 1½ Std.
Charakter: Spazierwanderung.
Einkehr: Unterwegs keine.

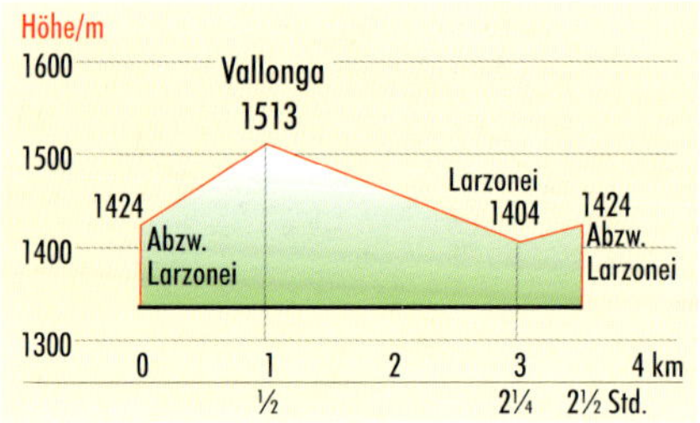

Karten: KOMPASS Nr. 618, 619, 628, 629 (1:25.000), Nr. 59 (1: 50.000).

Beim Abzweig nach Larzonei nahe beim Hotel Bellavista (leicht südlich von Vigo di Fassa) überqueren wir die Staatsstraße 241 und steigen auf einer Forststraße im Wald hinauf (Hinweis auf Vallonga), bis die Straße in Richtung

Hotel Vaèl nach rechts abzweigt. Wir folgen jedoch eben der Schotterstraße, die links über Wiesen führt, und kommen zu dem charakteristischen Dörfchen **Vallonga**. Linker Hand begleitet uns der Bach Vallace. Der Ort war bis 1914 Ziel der jährlichen Prozession der Nova Levante (16. Mai). Die dem heiligen Giovanni Nepomuceno geweihte Kirche stammt aus dem 18. Jahrhundert.

Wir gehen links an der Kirche vorbei auf einen Schotterpfad, überqueren die Staatsstraße 241 und folgen einem Weglein (Wegweiser) abwärts. An einem rechts abzweigenden Forstweg vorbei, wandern wir am Rio Vallace abwärts bis zu einem nahen Abzweig: Rechts geht es nach Tamion, links führt der Weg zurück nach Vigo.

Wir wenden uns also nach links

in den Wald und spazieren auf einer bequemen Straße abwärts bis zu einer Brücke aus Holzplanken (weiterer Abzweig nach Tamion. Hinter der Brücke steigt der Weg wieder leicht an und tritt aus dem Wald. Wir erreichen die ersten Häuser von **Larzonei**. Der Ort Larzonei (Ortsbezeichnung vermutlich von den Lärchenwäldern) zeigt die Entwicklung eines mittelalterlichen Ansitzes und schmiegt sich an einen sonnigen Hang. Links hinauf auf einer Asphaltstraße erreichen wir wieder den Ausgangspunkt nahe beim **Hotel Bellavista** auf der Staatsstraße leicht südlich von Vigo di Fassa.

Wiesen und Häuser von Larzonei.

Von der Straße aus gut sichtbar erhebt sich in Vigo di Fassa auf dem Rücken des Ciaslir die gotische Kirche Santa Giuliana. In ihr befinden sich Fresken aus dem 15. Jahrhundert sowie ein großer geschnitzter und bemalter Altar. Ganz in der Nähe steht auch die gotische Kapelle San Maurizio aus dem Jahr 1297.

Tipp

Dieser Spaziergang führt in die ladinische Kultur- und Ökonomiegeschichte und kann mit einem Besuch des Ladinischen Museums in Fassa (San Giovanni di Fassa, Tel.: 0462/76267) abgeschlossen werden.

3

Zur Punta Masarè

Ausgangs-/Endpunkt: Karerpass (1745 m).
Zugang: Von Vigo di Fassa oder Bozen über die Staatsstraße 241.
Höhenunterschied: 600 m
Gehzeit: 4 Std.
Charakter: Mittelschwere Rundtour; eine Stelle wird mit einer Leiter überwunden.
Einkehr: Rif. Pederiva, Rotwandhütte, Rif. Paolina

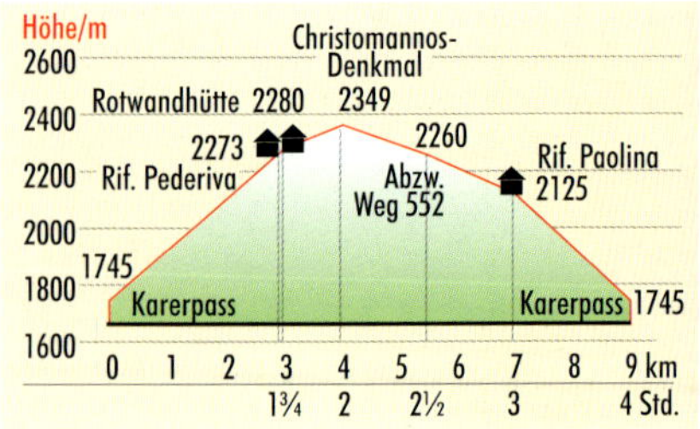

Karten: KOMPASS Nr. 619-629-630 (1:25.000), Nr. 59 (1: 50.000)

Vom **Karerpass** folgen wir ab einer Bushaltestelle (beschrankter Fahrweg) dem zu Beginn straßenmäßig ausgebauten Wanderweg Nr. 548 in Richtung Rotwandhütte (Rifugo di Vaèl). Nach 20 Minuten zweigt links der Weg 552 ab, wir aber bleiben auf un-

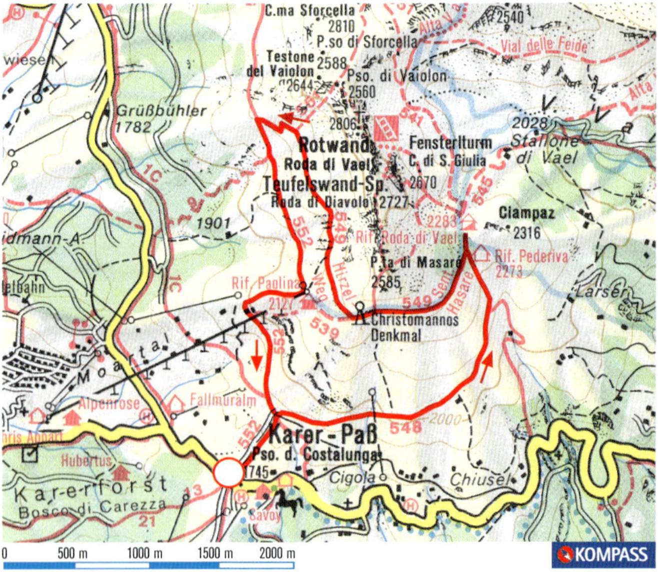

Der Masarè-Wanderweg schlängelt sich am Fuß der berühmten Wände von Rotwand und Punta Masarè; hier bei Sonnenuntergang.

serem Weg, der uns durch eine Geröllzone führt, später durch ein enges, tiefes Tälchen (Bebauungen) und dann in das Gebiet der Paschè (2005 m). Je mehr Höhe wir gewinnen, desto besser können wir die Sella del Ciampàz mit dem Aussichtspunkt Ciampàz erkennen. Auch das **Rif. Pederiva** und die alte, »historische« **Rotwandhütte** tauchen auf.

Vom Pass aus wenden wir uns dann auf dem Weg Nr. 549 nach Südwesten, vorbei an den Schutthalden unterhalb der Punta del Masarè, und erreichen auf ebenem Weg das **Denkmal** des Theodor Christomannos, eines Pioniers des Dolomitentourismus: ein großer Bronzeadler.

Den Weg Nr. 539 lassen wir links liegen und wandern unterhalb der Roda del Diavolo und den imponierenden, in der Tat »roten Wänden« der bei Kletterern beliebten Rotwand weiter. Mit Hilfe einer Leiter überwinden wir einen Felsspalt und kommen zu dem **Abzweig** des Wegs Nr. 552 auf 2260 m.

Wir folgen dem Weg nach links, steigen unterhalb der Felsbänder des Masarè ab, kommen dann zu einigen engen, tiefen Tälchen, wandern fast eben nach Süden und erreichen das **Rifugio Paolina**, die Bergstation des Karerpass-Sessellifts.

Auf Weg Nr. 552 steigen wir zum Pass ab. Dieser Weg mündet nach ca. 40 Min. in Weg Nr. 548, auf dem wir in etwa 15 Min. zum Ausgangspunkt am **Karerpass** zurückkehren.

Masarè- und Rotwand-Klettersteig

Ausgangs-/Endpunkt: Rif. Paolina (2125 m).
Zugang: Etwas unterhalb des Karerpasses (nahe beim Hotel Karersee) mit dem Sessellift zum Rif. Paolina (Tel. 0471/61 60 08).
Höhenunterschied: 670 m.
Gehzeit: 4½ Std.
Charakter: Sehr schwierig, drahtseilgesicherte Klettersteige.
Einkehr: Rif. Paolina, Rif. Pederiva, Rotwandhütte.

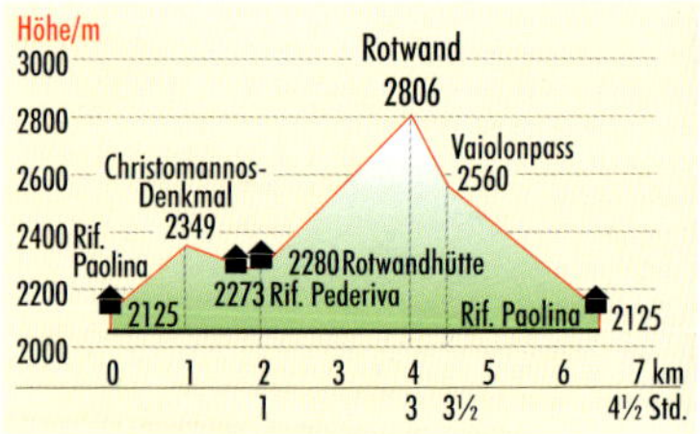

Karten: KOMPASS Nr. 619, 628, 629, 630 (1:25.000), Nr. 59 (1:50.000).

Vom **Rif. Paolina** wenden wir uns auf den Pfad 539 und wandern über die Weiden unterhalb der Punta Masarè hinauf bis zum **Christomannos-Denkmal**. Hier geht es nach rechts auf Weg 549, und wir kommen zur **Pederiva-** sowie zur **Rotwandhütte** (Rif. Roda di Vaèl). Den Wegweisern zum Masarè-Klettersteig folgend steigen wir zwischen Geröll und Schotter auf und erreichen den Einstieg nahe bei einem kleinen Sattel südlich der Punta del Masarè. Am Drahtseil entlang geht es auf einer Flanke Richtung Osten wei-

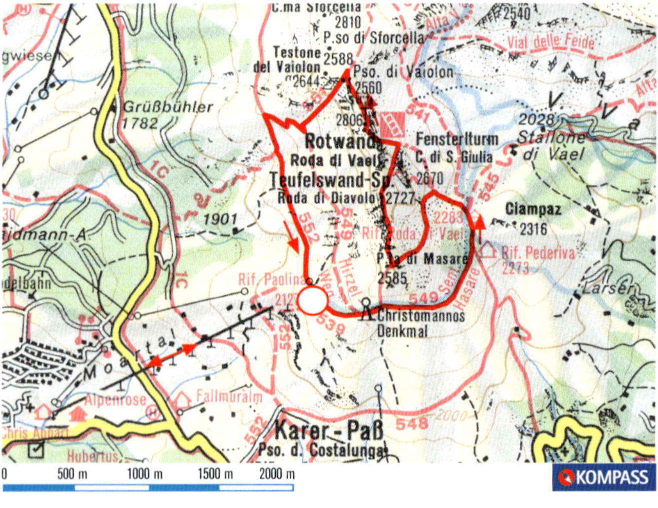

Der heikelste Übergang auf dem Rotwand-Klettersteig.

ter hinauf zu einer Scharte zwischen den acht Grattürmen. Durch Felskamine und Felsbänder hindurch erkennt man das Kreuz von Santa Giuliana, und man steigt in eine breite Rinne hinab, wobei der südliche Zugang des Rotwandklettersteigs gekreuzt wird (ca. 2½ Std. ab Rif. Paolina). Durch Geröll erreichen wir die obere Kante einer Mulde vor dem Fensterlturm. Ab hier sind auch wieder Drahtseile gespannt: Wir steigen an ihnen linker Hand ab und kommen zu einer Rinne (die Passage ist nicht schwierig, aber Respekt gebietend). Danach geht es auf einfachem Weg wieder hinauf zu dem ausgedehnten Grat südlich der Rotwand (von der imponierend ausgesetzten Kante wandert der Blick auf die darüber stehenden »roten Wände«). Bald ist der Gipfel der **Rotwand** erreicht und wir befinden uns in einer großartigen Dolomitenszenerie.

Vom Kreuz wenden wir uns nach Norden. Mit Hilfe der Seile steigen wir über die Felsen ab und genießen die großartige Sicht auf die Mugoni- und die Cigolade-Berge. Auf 2560 m erreichen wir den **Vaiolonpass**, einen Einschnitt zwischen der Rotwandmulde und den Grasrippen oberhalb der Karerpass-Straße. Vom Pass aus steigen wir zwischen Schutt und Felsblöcken in eine tiefe Rinne Richtung Westen ab (Weg Nr. 551), bis zur Kreuzung der Wege 549 und 552. Letzterer führt direkt zum **Rifugio Paolina** zurück.

Rund um die Tschager-Spitze

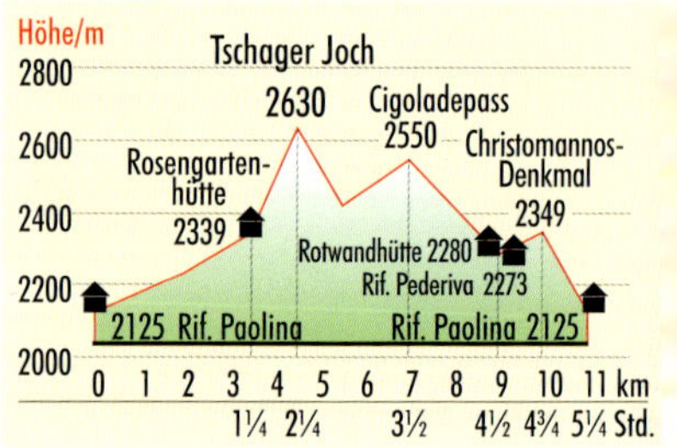

Ausgangs-/Endpunkt: Rif. Paolina (2125 m).
Zugang: Knapp unter dem Karerpass (Nähe Hotel Karersee) mit dem Sessellift zum Rif. Paolina (Tel. 0471/61 60 08).
Höhenunterschied: 700 m.
Gehzeit: 5¼ Std.
Charakter: Mittelschwer, teils geröllige Pfade.
Einkehr: Rif. Paolina, Rosengartenhütte, Rotwandhütte, Rif. Pederiva.
Karten: KOMPASS Nr. 619, 628, 629, 630 (1:25.000), Nr. 59 (1:50.000).

Vom **Rifugio Paolina** wandern wir auf dem Pfad Nr. 552 nach Norden unterhalb der »roten Wände« der Rotwand entlang, bis wir nach ca. einer ¾ Std. zur Abzweigung des Wegs Nr. 549 (2230 m; Masarè-Wanderweg) gelangen. Auf diesem bis zur **Rosengartenhütte** (Rifugio Fronza alle Coronelle) unterhalb der Tscheiner Spitze (Cima Sforcella). Wir folgen ein kurzes Stück dem Weg 542 in Richtung Santner-Pass, wechseln aber nach einer knappen ½ Std. auf den hier einmündenden Weg 550 und steigen in einer Geröll- und Schneerinne zwischen der Tschager Spitze und dem Davoi-Grat auf bis zum **Tschager Joch**

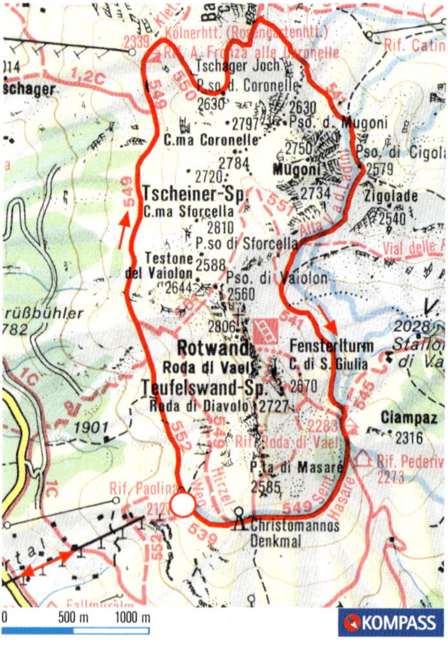

Aufstieg zum Tschager Joch – Blick zurück.

(Passo delle Coronelle).
Hier beginnt der ½-stündige Abstieg in die Davoi-Schlucht bis zum Weg Nr. 541 (2416 m). Auf diesem wenden wir uns unterhalb des Passes und des Mugoni-Grats nach rechts und steigen zum **Cigolade-Pass** auf. Der Weiterweg führt abwärts auf Geröll unterhalb der Mugoni-Wände und kreuzt nach etwa 20 Min. den Weg Nr. 551, an dem wir vorbeigehen.
Ab hier folgt der Abstieg zur **Rotwandhütte** und zum **Rifugio Pederiva**. Auf dem Masarè-Wanderweg (Nr. 549) nochmals kurzer Anstieg zur Punta del Masarè. Kurz hinter dem **Christomannos-Denkmal** geht es auf dem Weg Nr. 539 wieder abwärts zum **Rifugio Paolina**.

Santnerpass-Klettersteig

Ausgangs-/Endpunkt: Rosengartenhütte/Rifugio Fronza alle Coronelle (2339 m).
Zugang: Von der Frommer-Alm (1743 m) auf der Straße zwischen Karer- und Nigerpass mit der Gondel zur Rosengartenhütte (Tel. 0471/61 60 33).
Höhenunterschied: 850 m.
Gehzeit: 5¾ Std.

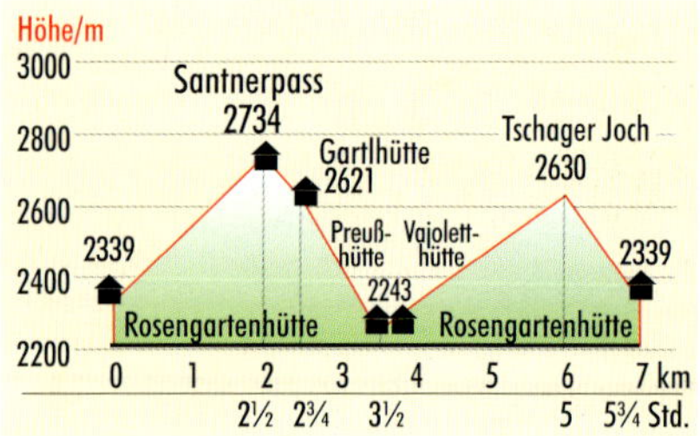

Charakter: Sehr schwierig, im Auf- und Abstieg steile Passagen, oft Altschneereste.
Einkehr: Rosengartenhütte, Santnerpasshütte, Gartlhütte, Vajoletthütte, Preußhütte.
Karten: KOMPASS Nr. 619, 628, 629, 630 (1:25.000), Nr. 59 (1:50.000).

Hinter der **Rosengartenhütte** steigen wir auf dem Weg 542 zum darüberliegenden Felsensockel über Felsen und Felsbänder auf (Vorsicht!). Nach Überwindung der Felsen»treppe« kommen wir zu einem großen Geröllfeld unterhalb der Westwand des Baumannkammes (Cresta di Davoi). Dem Wegweiser folgend führt ein schmaler Pfad nach links über eine Geröllhalde bis zum Beginn und Einstieg des Santnerpass-Klettersteigs unterhalb der Felsen der Rosengartenspitze. Über Stufen und Terrassen geht es am Seil entlang weiter hinauf, dann durch vertikale und teils eingeschnittene Kami-

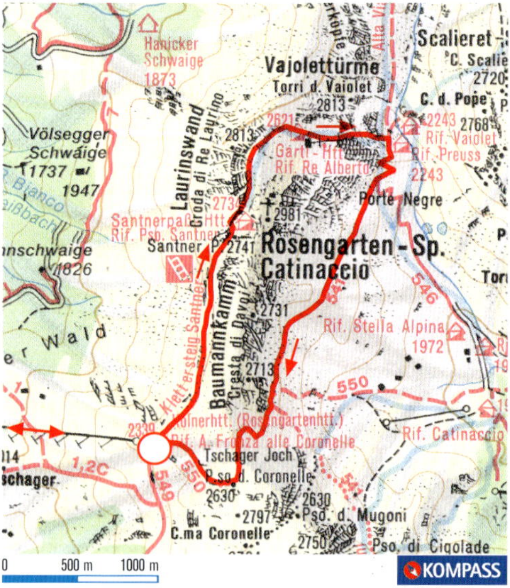

Blick vom Santnerpass auf die Gartl-Mulde mit dem kleinen See, dem Rifugio König Alberto I und den Vajolettürmen.

ne. Bei einer Spalte steigen wir hinunter in eine Schneerinne (Vorsicht, das Seil ist oft verschneit). An Felspartien vorbei steigen wir an einem Fixseil zuerst nach rechts, dann nach links und kommen bei einer Felsenkante am Fuße der Rosengartenspitze heraus. Nach wenigen Schritten erreichen wir den **Santnerpass**. Die **Hütte** gleichen Namens steht nur wenige Meter vor einem Abgrund.

Durch Schotter geht es eine ¼ Std. abwärts in die faszinierende Gartlmulde unterhalb der Vajolettürme bis zur Gartlhütte (Rifugio Re Alberto). Durch die Felsenschlucht wandern wir nun weiter abwärts zur Vajolet- und Preußhütte. Von hier aus erfolgt der Abstieg ins Tal auf Weg Nr. 546 bis zum 5 Min. entfernten Abzweig bei Kote 2200. Diesem neuen Weg – Nr. 541 – folgen wir nach rechts durch die Geröllhalde unterhalb des Rosengartens und kommen nach einer guten ¾ Std. zum Weg Nr. 550. Auf ihm geht es rechts hinauf zum **Tschager Joch**.

Der steile Abstieg verläuft unterhalb des Baumannkammes und der Tschager Spitze über Geröll und Schnee, der bis zum Ende der Saison liegen bleibt und entsprechende Vorsicht gebietet. Rechts geht es auf Weg 542 zurück zur **Rosengartenhütte**, unserem Ausgangspunkt.

Fassaner Höhenweg

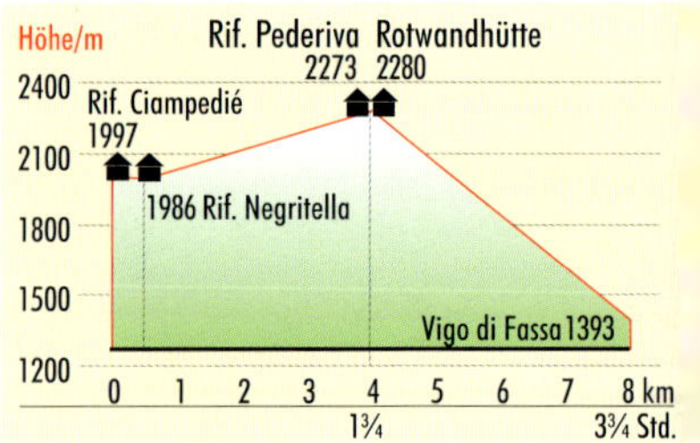

Ausgangspunkt: Rifugio Ciampedié (1997 m).
Zugang: Von Vigo di Fassa mit der Rosengartenseilbahn (geöffnet von 8.30 bis 18.30 Uhr; Tel. 0462/76 32 42) zum Rifugio Ciampedié
Endpunkt: Vigo di Fassa (1393 m).
Höhenunterschied: 300 m.
Gehzeit: 3¾ Std.
Charakter: Leichte Tour mit gemütlichem Anstieg; Abstieg teilweise auf Straße.
Einkehr: Rif. Ciampedié, Rif. Pederiva, Rotwandhütte.
Karten: KOMPASS Nr. 616, 619, 628, 629 (1: 25.000), Nr. 59 (1:50.000).

Von der großartigen Aussichtsterrasse, auf der sich die Bergstation der Seilbahn und das **Rif. Ciampedié** befinden, genießen wir den Blick auf die Dirupi di Larsec, auf den Rosengarten und das Vajolettal und begeben uns dann auf eine Skipiste mit der Wegnummer 545, vorbei an dem nahe gelegenen Rifugio Negritella (1986 m). Auf ebener Strecke gelangen wir rechter Hand (Stufen) zu dem eigentlichen Weg, der in sanftem Aufstieg durch ein Tannenwäldchen unterhalb der Pale Rabbiose führt, bei der Wiesen-

Blick von Ciampediè auf die Dirupi di Larsec.

mulde des Vaiolon herauskommt und sich nahe bei einer Geröllhalde nach etwa 1 Std. mit dem Weg Nr. 547 kreuzt.

Unterhalb des Ciampaz steigen wir in dieser Mulde in einigen Kehren durch Geröll aufwärts bis zum **Rif. Pederiva** und der **Rotwandhütte** (Roda di Vaèl), die sich auf einer Ciampàz-Schulter befinden und rasch erreicht sind. Ein Besuch des nahe gelegenen Ciampàz-Aussichtspunkts (2316 m, Blick zum Latemar und zu den Monzoni-Bergen) lohnt sich ebenso wie ein Abstecher auf dem Masarè-Weg (Nr. 549) bis zum Bronzeadler, der zu Ehren des Dolomiten-Tourismus-Pioniers und Erfinders der Dolomitenstraße, Theodor Christomannos, dort aufgestellt wurde.

Zurück zur Nr. 547, dann nach rechts. Nun geht es im Abstieg immer entlang der tiefen Schlucht des vom Rio di Valle durchflossenen Vaiolon – erst auf einem Saumpfad, später dann auf der Straße. Bald erscheinen auch die Häuser von Valle (1402 m), von dort ist es nur noch ein kurzer Weg bis **Vigo di Fassa**.

Rotwandhütte

Die Rotwandhütte wurde 1910 mit finanzieller Unterstützung der Firma Ostertag-Siegle, Stoccarda, aus der Nova Levante-Sektion des Österreichisch-Deutschen Alpenclubs gebaut, die damals im Trentino parallel zur Società Alpinisti Tridentini (SAT) wirkte. Im Jahre 1921 übernahm die SAT die kleine Hütte, vergrößerte sie 1984 und baute sie völlig neu auf.

8

Cigolade-Rundwanderung

Ausgangs-/Endpunkt: Rifugio Ciampedié (1997 m).
Zugang: Von Vigo di Fassa mit der Rosengarten-Seilbahn (1393 m; täglich 8–18.30 Uhr, Tel. 0462/ 76 32 42) bis zum Rif. Ciampedié.
Höhenunterschied: 600 m.
Gehzeit: 5¼ Std.
Charakter: Teils geröllige und steile Abschnitte.
Einkehr: Rif. Ciampedié, Rif. Negritella, Rif. Pederiva, Rotwandhütte, Rif. Gardeccia.

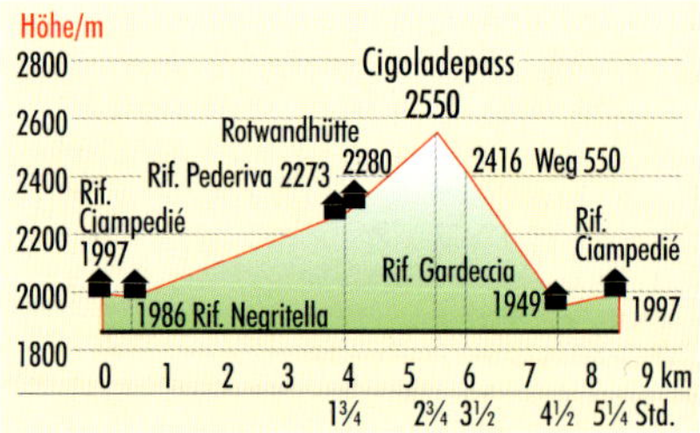

Karten: KOMPASS Nr. 616, 619, 628, 629 (1:25.000), Nr. 59 (1:50.000).

Die Wanderung beginnt auf dem Wiesenrücken, auf dem sich die Bergstation der Seilbahn und das **Rif. Ciampedié** befinden. Letzteres ist eine Besichtigung wert. Die Hütte war 1912 von der Lipsia-Sektion des Österreichisch-Deutschen Alpenclubs errichtet

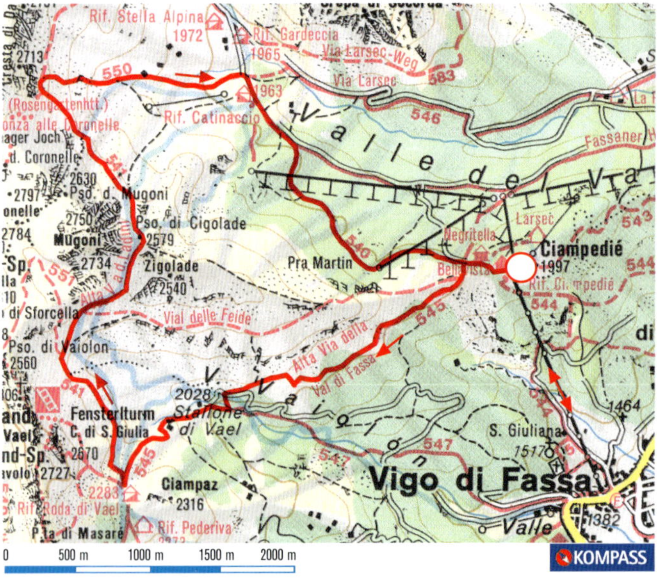

Dirupi di Larsec und die Gardeccia-Trogmulde vom Weg Nr. 550 aus, unterhalb des Tschager Jochs.

worden und kam nach dem Ersten Weltkrieg unter die Führung der SAT. Diese veränderte kaum etwas an der Bausubstanz, noch nicht einmal im Inneren.

Von der Hütte geht es über eine Skipiste – Weg Nr. 545 – abwärts. Diese führt an der unterhalb gelegenen Negritella-Hütte (1986 m) vorbei. Auf ebener Strecke geht es nun nach rechts auf den eigentlichen Weg (Stufen), durch einen Tannenwald hindurch. Wir kommen in der Vaiolon-Schlucht heraus und kreuzen nach 1 Std. den Weg Nr. 547. Im Zickzack steigen wir nun durch Geröll auf den Ciampáz-Sattel, wo sich das **Rifugio Pederiva** sowie die **Rotwandhütte** (Roda di Vaèl) befinden.

Nun geht es auf Weg Nr. 541 aufwärts Richtung Norden mit einer wunderbaren Aussicht auf die Wände der Rotwand, der Mugoni und der Cigolade. Nach ½ Std. lassen wir den Wegweiser 551 zu unserer Linken und steigen auf Geröll zum **Cigolade-Pass** – zwischen Mugoni und Cigolade – auf.

Mit weitem Ausblick in das Vajolettal steigen wir durch Geröll oder Schnee ab und traversieren linker Hand die Mugoni-Wände, bis wir nach einer knappen ¾ Std. zur Einmündung des Wegs 550 bei der Kote 2416 gelangen. Nun beginnt nach rechts der Abstieg, zuerst auf Schotter, später über steile Weiden, bis zu den **Hütten** der Gardeccia-Schlucht. Von hier folgen wir jetzt dem Weg Nr. 540 in südlicher Richtung. Die Wiesen weichen nun einem Wald, und auf fast ebenem Weg gelangen wir zum **Rifugio Ciampedié** zurück.

9

Zum Grasleitenpass und zurück

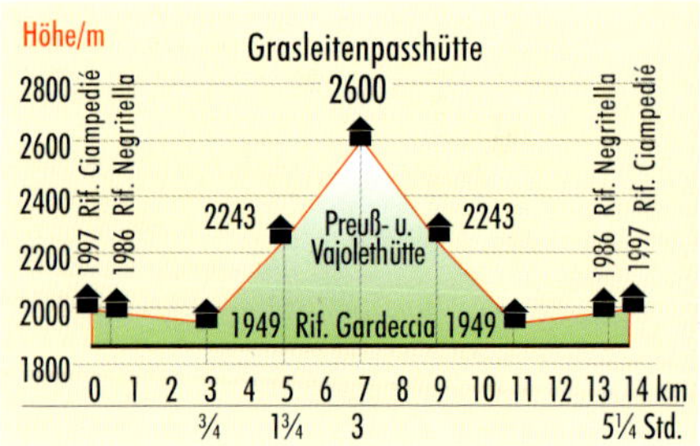

Ausgangs-/Endpunkt: Rifugio Ciampedié (1997 m). **Zugang:** Von Vigo di Fassa (1393 m) mit der Rosengarten-Seilbahn (8–18.30 Uhr, Tel. 0462/76 32 42) zum Rif. Ciampedié. **Höhenunterschied:** 660 m. **Gehzeit:** 5¼ Std. **Charakter:** Bis zur Vajolet- und Preuß-Hütte leichte Wanderung. **Einkehr:** Rif. Ciampedié, Rif. Negritella, Rif. Gardeccia, Preußhütte, Vajolethütte, Grasleitenpasshütte. **Karten:** KOMPASS Nr. 616, 619, 628, 629 (1:25.000), Nr. 59 (1:50.000).

Von der Panoramaterrasse, auf der sich die Bergstation der Seilbahn sowie das **Rifugio Ciampedié** befinden, geht es auf einer Skipiste mit der Nr. 540 abwärts zum **Rifugio Negritella** und von dort aus weiter abwärts in den »Bosch de Larjes«, einen Wald vor

Die Vajolet- und Preußhütte (unten), das Vajolettal und der Grasleitenpass zwischen dem Großen Valbonkogel (links) und dem Kesselkogel.

der grünen Wiesenmulde von **Gardeccia**.
Hier haben wir eine großartige Sicht auf die Felsenschlucht des Rosengartens zwischen der Cigolade und den Wänden des Rosengartens selbst sowie auf das Vajolettal und die Dirupi di Larsec. Der breite Weg 546 steigt zwischen großen Felsen hinan bis unterhalb eines Felsvorsprungs, auf der nebeneinander die **Preuß-** und die **Vajolethütte** stehen. Beide sind bereits in Sicht und mit einer letzten Anstrengung zu erreichen. Dieser aussichtsreiche Ort mit einer imposanten Rundumsicht gehört zu den berühmtesten in den Dolomiten und trägt die Bezeichnung Porte Neigre.
Die große Vajolethütte wurde im Jahre 1897 von der Lipsia-Sektion des Österreichisch-Deutschen Alpenvereins errichtet, 1902 erweitert und nach dem Ersten Weltkrieg der SAT übergeben.
Die Preußhütte erbaute der sehr bekannte Fassaner Bergführer Tita Piaz, der sie nach dem berühmten Alpinisten Paul Preuß benannte.
Von der Hütte geht es nun auf Weg Nr. 584 im Vajolettal wieder aufwärts. Zu unserer Linken der Winkler-Turm sowie Weg Nr. 542. In gleichmäßiger Steigung führt der Weg über Schotter hinauf und bietet ein bezauberndes Panorama auf die Gipfel, welche die Mulde umschließen. Schließlich erreichen wir die auf dem gleichnamigen Pass am Fuße des Kesselkogels (Catinaccio d'Antemoia) gelegene **Grasleitenpasshütte**. Der **Rückweg** verläuft über die Anstiegsroute zurück zum Rifugio Ciampedié.

Auf den Kesselkogel, 3002 m

Ausgangs-/Endpunkt: Bus-Endstation bei den Gardeccia-Hütten (1949 m).
Zugang: Vom Parkplatz in Pera di Fassa mit dem Shuttle-Bus bis zur Endhaltestelle bei den Gardeccia-Hütten (regelmäßige Abfahrten, Info: Tel. 0462/76 71 96).
Höhenunterschied: 1050 m.
Gehzeit: 6½ Std.
Charakter: Sehr schwierig, Klettersteig, lange Tour mit teils ausgesetzte Passagen.
Einkehr: Rif. Gardeccia, Preusshütte, Vajolethütte, Grasleitenpasshütte.
Karten: KOMPASS Nr. 616, 619, 628, 629 (1:25.000), Nr. 59 (1:50.000).

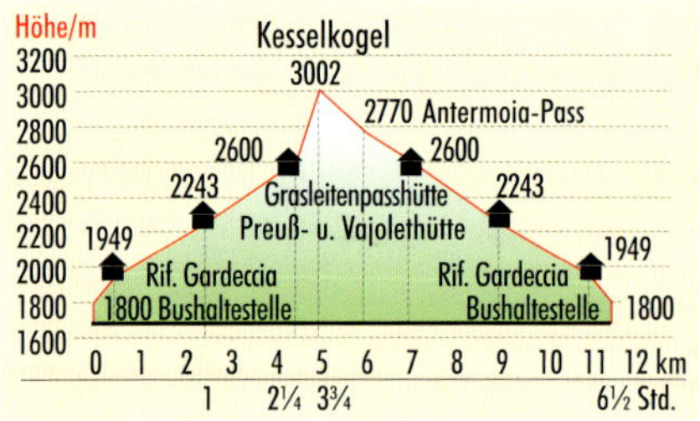

Auf Weg Nr. 546, einem breiten und bequemen Pfad, der zu den meist begangenen in den Dolomiten gehört, geht es zwischen markanten Felsblöcken und Wiesen das Vajolettal hinauf bis zur **Vajolet-** und **Preußhütte**.
Sie stehen auf einem Felsvorsprung in den Porte Neigre am Fuße der Punta Emma bzw. am Beginn der Gartlschlucht, die von den drei Vajolettürmen beherrscht wird.

Auf dem breiten Weg 584 steigen wir bis zum oberen Ende des Vajolettals über Geröllfelder hinauf bis zur **Grasleitenpasshütte** (Rif. Passo Principe) auf dem gleichnamigen Pass.
Weiter geht es wiederum über Geröll hinauf bis zum Beginn des Klettersteigs. Hier steigen wir von links nach rechts in eine seilgesicherte Rinne und erreichen (Vorsicht!) erreichen wir den Gipfelgrat und das Gipfelkreuz des **Kesselkogels** (Catinaccio d'Antermoia).
Von diesem großartigen Aussichtsbalkon mit Sicht in die Fassaner Dolomiten steigen wir in nordöstlicher Richtung an Felsbändern, Felsblöcken, einer Rinne und einem kleinen Sattel (Vorsicht!) vorbei in 1 Std. wieder hi-

Auf dem in der Bildmitte gut erkennbaren Querband des Kesselkogels verläuft der gleichnamige Klettersteig.

nach einem Felsabsturz ein Querband. An diesem laufen wir entlang bis unterhalb einer Wand, von wo aus der Weg leicht abfällt, bald aber wieder entlang eines ausgesetzten Felsbandes ansteigt. Wenig später erreichen wir das charakteristische große Querband dieses Gebirgsstocks, und über leicht brüchige Felsen nunter bis zu den Schuttfeldern des Antermoia-Jochs und der Antermoia-Schlucht (2700 m). Über Geröll geht es kurz aufwärts zum nahe gelegenen und nur wenig höheren **Passo d'Antermoia**, von wo aus man einen schönen Blick ins Vajolettal hat.
Der **Abstieg** verläuft auf der Aufstiegsroute.

11

Über den Sentiero delle Scalette

Ausgangs-/Endpunkt: Endstation vom Bus bei den Gardeccia-Hütten (1949 m).
Zugang: Ab dem großen Parkplatz in Pera di Fassa mit dem Shuttle-Bus bis zur Endhaltestelle bei den Gardeccia-Hütten (regelmäßige Abfahrten; Info: Tel. 0462/76 71 96).
Höhenunterschied: 1100 m.
Gehzeit: 6½ Std.
Charakter: Schwierige und lange Tour, mit einer drahtseilgesicherten Felsstufe.
Einkehr: Rif. Gardeccia, Rif. Antermoia, Grasleitenpasshütte, Preusshütte, Vajolethütte.
Karten: 628, 629 (1:25.000), Nr. 59 (1:50.000).

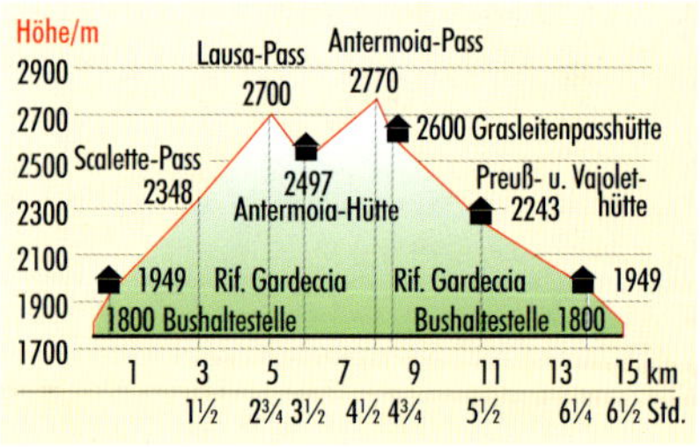

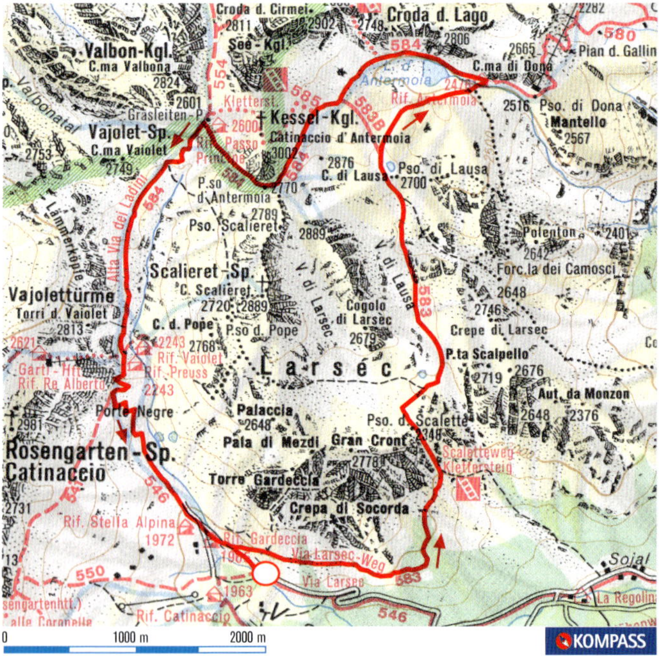

KOMPASS

Blick (von rechts nach links) vom Passo di Lausa zur Cima di Dona, Croda del Lago und Croda dei Cirmei (Antermoiakogel).

Von der Shuttle-Bus-Endhaltestelle auf dem Platz gegenüber der **Gardeccia-Hütte** geht es auf der Straße abwärts bis zu einer nahe gelegenen Brücke. Diese wird überquert, und danach geht es nach links auf den Weg Nr. 583. Über Schutt und vorbei an Latschenkiefern unterhalb der Dirupi di Larsec steigen wir in östlicher Richtung aufwärts.
In der Schlucht zwischen der Pala della Ghiaccia und dem Gran Cront wandern wir wieder hinauf bis zum »Rutschfelsen« beim Einstieg zum Larsec-Gebirge. Mit Hilfe von Seilen und Sprossen überwinden wir eine Felsenstufe und überschreiten den **Passo delle Scalette**. Hinter einem breiten Rücken liegt der Lago Secco, der trockene See. Rechts davon treten wir in das Lausa-Tal ein, in dem es – zu Anfang bequem – über Geröll aufwärts geht bis zum **Lausa-Pass**. Von hier absteigen bis zum **Rif. Antermoia** unterhalb der Croda del Lago. Von hier aus führt uns der Weg 584 nach Westen, am Antermoia-See entlang und über Schotter unterhalb des Kesselkogels bis zum gleichnamigen **Pass**.
Der Weg führt nun rechts hinab über Schotter bequem bis zum Grasleitenpass und zur gleichnamigen **Hütte**. Ab hier hinauf in eine Flanke rechts vom Vajolettal (Weg Nr. 584). Der gut begehbare Weg führt über Geröllhänge bis zur Porte Neigre mit der **Vajolet-** und der **Preußhütte**. Ab hier schlendern wir kurz und bequem auf dem breiten Weg 546 zwischen Felsblöcken und Gras zu den **Gardeccia-Hütten** zurück.

12

Durch das Dona-Tal auf den Ponsin, 2283 m

Ausgangs-/Endpunkt: Fontanazzo di sotto (1382 m).
Zugang: Auf der Staatsstraße 48 zwischen Campestrin und Campitello di Fassa.
Höhenunterschied: 900 m.
Gehzeit: 6 Std.
Charakter: Anstrengend, lang.
Einkehr: Unterwegs keine.
Karten: KOMPASS Nr. 616, 619 (1:25.000), Nr. 59 (1:50.000)

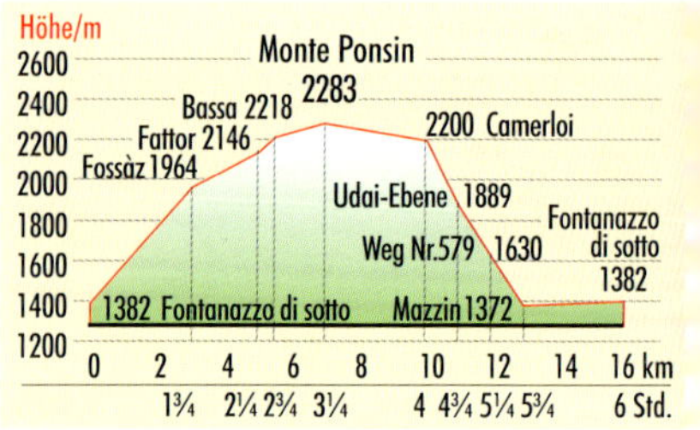

Von **Fontanazzo di sotto** folgen wir den Wegweisern 577 bis zu einem nahe gelegenen Bilderstock. Von hier aus geht es in Kehren auf einer Forststraße hinauf und über eine rechtsseitige

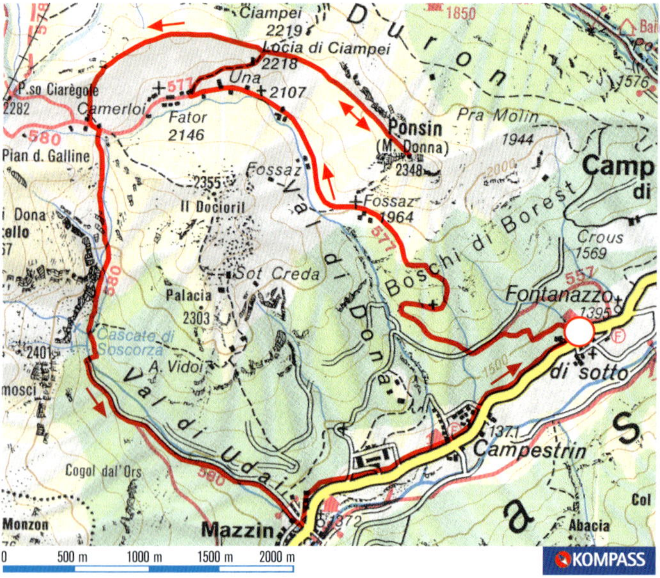

Das obere Dona-Tal, vom Ponsin aus gesehen. Im Hintergrund der Rosengarten.

Flanke ins untere Dona-Tal: ein recht anstrengender Weg durch den Wald.
Sobald die Vegetation aufhört kommen wir zum Dona-Bach und seinen Wasserfällen sowie zu den ersten Heustadeln von **Fossàz** unterhalb der schwarzen Felsen des Ponsin. Nun öffnet sich das Tal. Fast eben wandern wir über Weiden, an Heustadeln vorbei. Auf 2107 m stoßen wir auf die typischen Heustadel von Una und folgen weiter dem bequemen Pfad in offenem Gelände.
Nahe bei den Heustadeln von **Fator** verlassen wir Weg Nr. 577, wenden uns nach rechts auf einen Wiesenpfad und steigen auf einem Grasgrat bis zur **Bassa**. Von dort Blick auf das Val Durón und die Dolomiten. Auf dem Grat zwischen dem Dona-Tal und dem Durón-Tal geht es in südlicher Richtung weiter bis zu seinem höchsten Punkt, dem **Monte Ponsin**, der Aussichtsterrasse zum Fassa-Tal. Auf dem Gratweg wieder zurück bis Bassa, und weiter auf ihm bleiben bis nach einer ¾ Std. links die **Camerloi**-Schlucht auftaucht. Hier folgen wir dem Wegweiser 580 ins Udai-Tal.
Immer am Udai-Bach entlang verlieren wir rasch an Höhe und kommen zu den Resten alter Heustadel auf der **Udai-Ebene**. Es geht weiter abwärts, dicht an den Wänden des Mantello entlang und die Cascata di Soscorza vor Augen. Immer noch abwärts, wo auf der Höhe von 1630 m der Weg Nr. 579 abzweigt, durchwandern wir das untere Tal bis zu den Häusern von **Mazzin**, die sich am Udai-Bach entlangziehen. Auf der Staatstraße zurück zum **Ausgangspunkt**.

Durchs Dona- und Durón-Tal

Ausgangs-/Endpunkt: Fontanazzo di sotto (1382 m). **Zugang:** Von Campitello di Fassa oder von Mazzin (Staatsstraße 48). **Höhenunterschied:** 900 m. **Gehzeit:** 5½ Std. **Charakter:** Im unteren Teil anstrengender Aufstieg. **Einkehr:** Baita Lino Brach, Rif. Micheluzzi, Baita Fraina. **Karten:** KOMPASS Nr. 616, 619 (1:25.000), Nr. 59 (1:50.000).

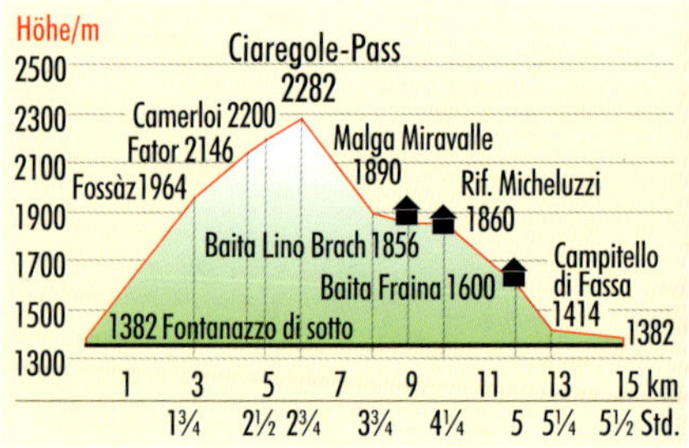

Von **Fontanazzo di sotto** begeben wir uns nahe bei einem Bilderstock auf die Forststraße Nr. 577 und wandern auf ihr durch den Wald stets rechtsseitig des unteren Dona-Tals. Die Strecke ist ziemlich anstrengend, bleibt aber immer im schattigen Wald.

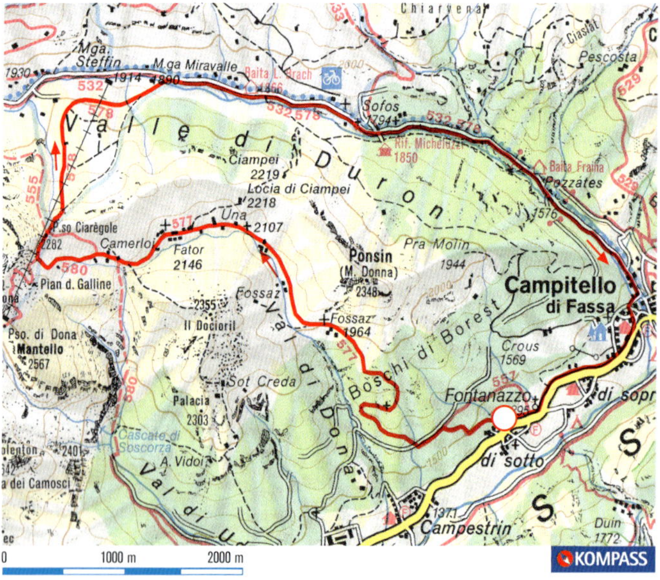

Sobald die Vegetation aufhört, kommen wir zum Dona-Bach, der hier einige Wasserfälle bildet. Die Steigung wird sanfter, und der Weg führt an den ersten Heustadeln von **Fossàz** vorbei. Diese lassen wir rechts liegen und gehen im Talgrund fast eben am Dona-Bach entlang, wo wir bald auf die Heustadel von **Una** (2107 m) und von **Fator** stoßen. Bei den ausgedehnten Wiesen von **Camerloi**, der nächsten Ortschaft, ignorieren wir den links abbiegenden Weg ins Udai-Tal sowie den zum Rifugio Antermoia und steigen rechts auf dem Pfad Nr. 578 hinauf bis zum **Passo delle Ciaregole** (fälschlich auf einigen Karten auch Passo Durón genannt).

Wir wenden uns dem Val Durón zu und steigen auf Pfad Nr. 578 ab, wobei wir den Abzweig 555 zur Malga Docoldaura nach links ignorieren. Bald erreichen wir die Wiesen der **Malga Miravalle**, die sich am Rio Durón entlangziehen. Wir biegen rechts auf den Fahrweg Nr. 532 ab und erreichen über die **Baita Lino Brach** das **Rifugio Micheluzzi**. Auf der Straße wandern wir zur **Baita Fraina** hinunter, an den Almweiden von Fraines vorbei und kommen rasch nach **Campitello di Fassa**.
Hier nehmen wir entweder den Bus oder gehen zu Fuß auf der Staatsstraße, auf der wir in ca. 20 Minuten wieder zum **Ausgangspunkt** gelangen.

Das Durón-Tal, der Rosengarten und die Roterdspitze (rechts), vom Col Rodella aus.

14

Der Friedrich-August-Weg

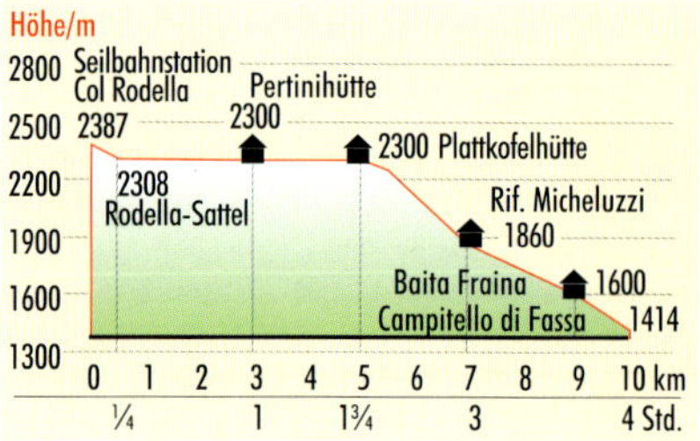

Ausgangspunkt: Seilbahnstation Col Rodella (2387 m).
Zugang: Von Campitello di Fassa mit der Seilbahn zum Col Rodella (Tel. 0462/75 02 61).
Endpunkt: Campitello di Fassa (1414 m).
Höhenunterschied: Ca. 150 m.
Gehzeit: 4 Std.
Charakter: Leichter und sehr aussichtsreicher und daher vielbegangener Wanderweg.
Einkehr: Pertini-Hütte, Plattkofelhütte, Rif. Micheluzzi, Baita Fraina.
Karten: KOMPASS Nr. 616 (1:25.000), Nr. 59 (1:50.000).

Bei der Bergstation der Seilbahn vom **Col Rodella** gehen wir links an dem charakteristischen Rifugio Des Alpes vorbei. Den großartigen Anblick der Sella-Gruppe vor Augen steigen wir auf dem Sträßchen Nr. 529 zum **Rodella-Sattel** ab.
Links biegt jetzt der bekannte und viel begangene Friedrich-August-

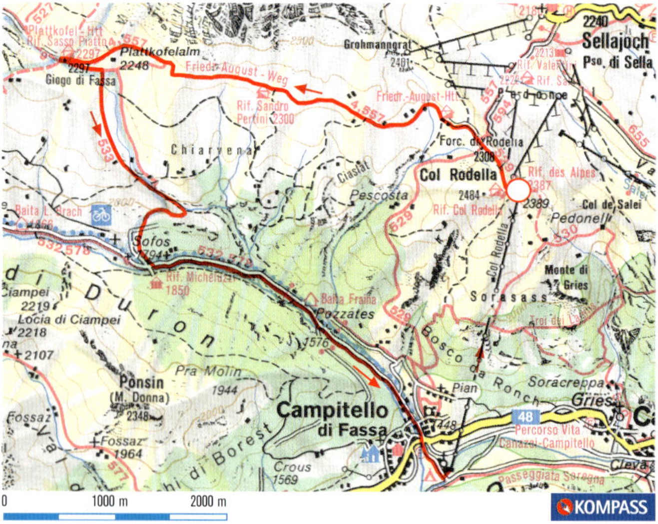

Der Friedrich-August-Weg zwischen dem gleichnamigen Rifugio und dem Rifugio Sandro Pertini (im Hintergrund die Zähne der Roterdspitze).

Weg (Nr. 4-557) ab, auf dem wir gemütlich bis zur nahen **Friedrich-August-Hütte** (2298 m) hinabbummeln, wo links der Weg 529 nach Campitello einmündet. Wir bleiben auf unserem Weg und schlendern in leichtem Auf und Ab durch mehrere Tälchen unterhalb der Grohmannspitze in Richtung Durón-Tal. Auf 2300 m erreichen wir die **Pertini-Hütte** (Rif. Sandro Pertini) und wandern weiter unterhalb der Wände des Plattkofels bis zum Giogo di Fassa, einer Einbuchtung zwischen dem Grat der Seiser Alm und dem Plattkofel. Nach weiteren kurzen Auf- und Abstiegen auf steinigem Gelände nehmen wir den letzten Aufstieg in Angriff, der uns zur **Plattkofelhütte** bringt.

Um in den Genuss des sehenswerten Anblicks der Seiser Alm zu kommen, benötigen wir nur ein paar Minuten auf dem Weg 527 in nördlicher Richtung.

Zur Hütte zurückgekehrt, folgen wir ein kurzes Stück dem Wanderweg und gehen dann rechts ca. 15 Min. auf dem Weg Nr. 533 in Richtung Plattkofel-Alm abwärts (2248 m). Ab hier führt der Weg hinunter ins Val Durón, linksseitig am Bach (Rio di Udai) entlang, auf steilen Wiesen. Im Wald gehen wir auf die andere Seite des Baches und setzen den steilen Weg fort bis zum Grund des Durón-Tals und dem **Rif. Micheluzzi**. Auf der Straße geht es weiter zur **Baita Fraina**. Hinter der Almwiese von Fraines halten wir uns rechts und steigen recht steil das letzte Wegstück in einer Klamm zum Ausgangspunkt nach **Campitello di Fassa** ab.

15

Rund um den Col Rodella

Ausgangs-/Endpunkt: Die Kirche in Campitello di Fassa (1414 m).
Höhenunterschied: 1260 m.
Gehzeit: 6 Std.
Charakter: Lange Tour mit steilem Abstiegsstück.
Einkehr: Friedrich-August-Hütte, Col-Rodella-Hütte, Rif. des Alpes.

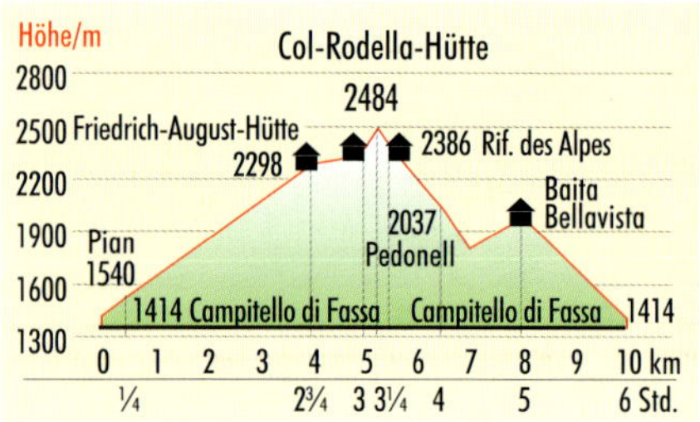

Karten: KOMPASS Nr. 616, 619 (1:25.000), Nr. 55-59 (1:50.000).

Bei der Kirche Filippo und Giacomo in **Campitello di Fassa** nehmen wir die Nr. 529 und folgen diesem Kreuzweg bis zur Lourdes-Kapelle bei den weiter oben liegenden Häusern von **Pian**. Jetzt geht es links über Wiesen hinauf, dann durch Wald. Bei Kote 1650 gehen wir – nach etwa ½ Std. – an dem rechts einmündenden Weg vorbei, auf dem wir bei unserem Rückweg herauskommen werden.
Im Verlauf unseres Weges überqueren wir eine große Rinne, treten bei einem weiteren steinigen Graben in den Tannenwald ein und sind nun auf der südwestli-

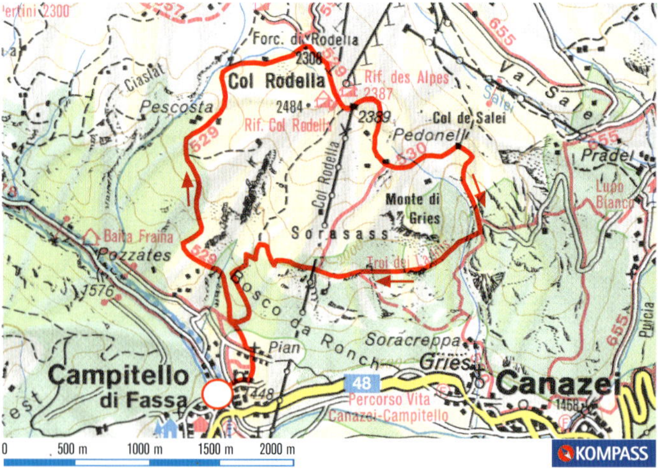

Weg Nr. 530 zum Col Rodella, Blick auf den Langkofel.

chen Flanke des Col Rodella. Linksseitig entdecken wir vereinzelte Heustadel, handtuchgroße Wiesen und einzelne Pflanzen auf den Hängen, die sich zum Val Durón neigen. In dieser heiteren Landschaft durchschneidet der Weg die westliche Flanke des Col Rodella und führt zu einem Wasserfall. Auf den Pescosta-Wiesen geht es nun in ein Tälchen, das wir bei der **Friedrich-August-Hütte** wieder verlassen und uns auf den gleichnamigen Weg begeben, der das Rodella-Joch mit dem Fassa-Joch verbindet, auf dem sich die Plattkofelhütte befindet.

Wir biegen rechts in den Friedrich-August-Weg (Nr. 4-557) ein und kommen in leichtem Anstieg zum Rodella-Joch (2318 m). Rechter Hand geht es noch gut 15 Min. weiter hinauf über ein Sträßchen (Skipiste) zum **Rif. des Alpes** bei einer Kreuzung mit Weg Nr. 530. Wir machen – uns weiter rechts haltend – einen Abstecher zum Gipfel des **Col Rodella** mit der gleichnamigen **Hütte**. Wieder zurück zum Rif. des Alpes begeben wir uns rechter Hand auf den Weg Nr. 530 (Skipiste). Bei drei Heustadeln gehen wir nicht über den unbezeichneten Weg quer durch die Wiesen, sondern bleiben links auf dem Weg 530 bis zur Ortschaft **Pedonell**.

Ziemlich steil geht es nun im Wald hinunter bis zum Kiesbett eines Baches auf 1800 m. Bald danach betreten wir den Weg Troi dei Ladins, der nach rechts mit roten Rauten markiert ist. Bei Kote 1993 geht es nochmal aufwärts (Seilbahnstützen) bis zur **Baita Bellavista**. Ab hier abwärts, bei der Weggabelung auf Nr. 529 einbiegen und hinunter nach **Campitello**.

16

Rund um Langkofel und Plattkofel

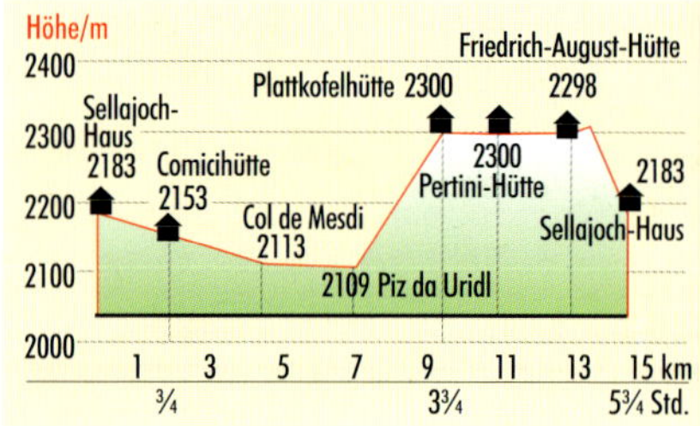

Ausgangs-/Endpunkt: Sellajoch-Haus (2183 m).
Zugang: Von Canazei auf der Staatsstraße 242 zum Sellajoch. Direkt unterhalb auf der Grödner Seite der Parkplatz des Sellajoch-Hauses.
Höhenunterscheid: Ca. 400 m.
Gehzeit: 5¾ Std.
Charakter: Lange Rundwanderung auf guten, teils gerölligen Wegen.
Einkehr: Sellajoch-Haus, Comicihütte, Plattkofelhütte, Pertini-Hütte, Friedrich-August-Hütte.
Karten: KOMPASS Nr. 616 (1:25.000), Nr. 59 (1:50.000).

Vom **Sellajoch-Haus** nehmen wir den bequemen und viel begangenen Weg Nr. 528 Richtung Norden und haben die gewaltige Langkofelgruppe vor uns ebenso wie die Geisler-Gruppen sowie

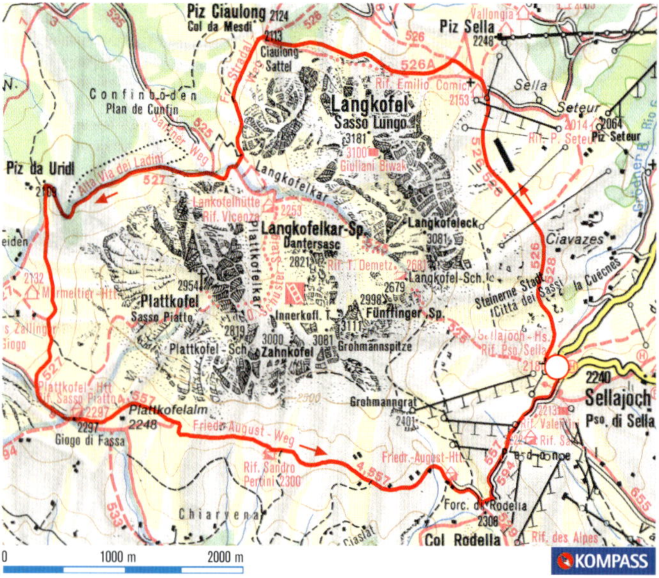

Forcella Rodella und Langkofel.

den Puez hinter dem Grödner Tal und auf der rechten Seite den Sella Stock mit seinen Türmen. An den Ausläufern des gewaltigen Bergsturzes, der die »Steinerne Stadt« schuf, rechts vorbei wenden wir uns nach Norden (Skilifte). Im leichten Anstieg und links am Piz Seteur vorbei erreichen wir die hübsche **Comicihütte** unweit von der Seilbahnstation des Piz de Sella. Wir bleiben auf dem recht bequemen Weg (526 A) unterhalb der imponierenden Felsmassen des Langkofels und erreichen über Schotter in Kürze den Piz Ciaulong bzw. den **Col de Mesdi** oberhalb der Ortschaften Santa Cristina und Ruacia. In südwestlicher Richtung geht es weiter bis zur Einmündung in ein großes Tal, das zur Langkofelhütte (Rifugio Vicenza) hinaufleitet. Ohne erneuten Aufstieg kommen wir an eine Weggabelung und gehen auf gleicher Höhe nach rechts über Geröll bis zum nahen Weg Nr. 525. Hier biegen wir links auf Weg 527 ein und wandern auf ihm bis zur Wiesenterrasse des **Piz da Uridl** (2109 m), von wo wir – westlich vorbei am charakteristischen Plattkofel – das Fassa-Joch erreichen, auf dem sich die **Plattkofelhütte** befindet. Nun folgen wir dem Friedrich-August-Weg (Nr. 4-557) nach Osten zu Füßen der Grohmannspitze. Auf halber Strecke berühren wir nach einigem Auf und Ab über einen Rücken die **Pertini-Hütte**, danach die **Friedrich-August-Hütte** und die Forcella Rodella (2308 m) und sind kurze Zeit später wieder am **Sellajoch-Haus**, unserem Ausgangspunkt.

17

Rund um den Plattkofel

Ausgangs-/Endpunkt: Sellajoch-Haus (2183 m).
Höhenunterschied: 600 m (bei Benutzung der Gondel nur 100 m).
Gehzeit: 5½ Std. (bei Benutzung der Gondel nur 4¼ Std.).
Charakter: Steiler und mühsamer Anstieg zur Langkofelscharte.
Einkehr: Sellajoch-Haus, Toni-Demetz-Hütte, Langkofelhütte, Plattkofelhütte, Pertini-Hütte, Friedrich-August-Hütte.
Karten: KOMPASS Nr. 616 (1:25.000), Nr. 59 (1:50.000).

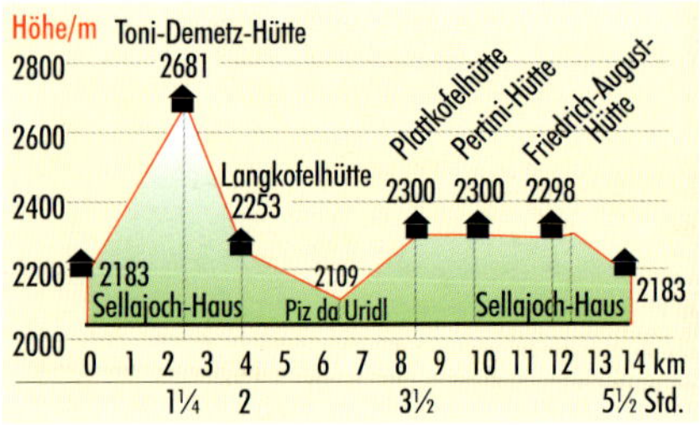

Vom **Sellajoch-Haus** auf Weg Nr. 525 über felsendurchsetzte Wiesen in nordwestlicher Richtung bis zur Langkofelscharte, der Bergstation einer Kleingondelbahn.
Links an dem großen Bergsturz – der »Steinernen Stadt« – vorbei, steigen wir über die letzten Wiesen in Kehren durch den großen Geröllhang unterhalb der Langkofel-Gondelbahn (bei deren Benutzung sparen wir uns 1¼ Std.). Steil und mühsam geht es nun

Langkofelscharte, rechts davon die Fünffingerspitze.

über Schotter hinauf bis zur engen Langkofelscharte, auf der sich die **Toni-Demetz-Hütte** befindet. Im Südwesten erhebt sich die Fünffingerspitze, und im Osten sind es die großartigen Wände des Langkofels.
Von der Hütte aus geht es in nördlicher Richtung über Geröll hinab. Wir kommen in eine imponierende Felsgegend und bleiben weiterhin direkt unterhalb der Langkofelwände, wenden uns nun aber nach links, um zur Langkofelhütte (Rif. Vicenza) zu kommen. Der gleiche Weg führt uns nun in ein großes Tal. Hier biegen wir nach links in Weg Nr. 527 ab, der unterhalb des Plattkofels dessen westliche Flanke umrundet. Auf ihm gelangen wir zum **Piz da Uridl**, einem Wiesenbalkon mit Blick auf die Seiser Alm und das Grödner Tal. Mit weiteren schönen Ausblicken steigen wir bequem hinauf bis zur **Plattkofelhütte**, die sich auf dem Fassa-Joch befindet. Auf dem berühmten Friedrich-August-Weg (Nr. 4-557) geht es nun südlich um den Bergstock herum. Nach Überwindung einiger Gegenhänge sowie einiger Wiesentälchen unterhalb der Punta Grohmann gelangen wir zur **Pertini-Hütte** (Rif. Sandro Pertini) und gehen weiter abwärts bis zur **Friedrich-August Hütte**. Noch einmal geht es leicht hinauf zur Forcella Rodella (2308 m), die wir ebenso wie das dazugehörige Rifugio sowie das Rifugio des Alpes rechts liegen lassen. Ein letzter kurzer Aufstieg bringt uns zur Bar Salei, von wo wir auf der Straße zum **Sellajoch-Haus** zurückkehren.

Der Oskar-Schuster-Klettersteig

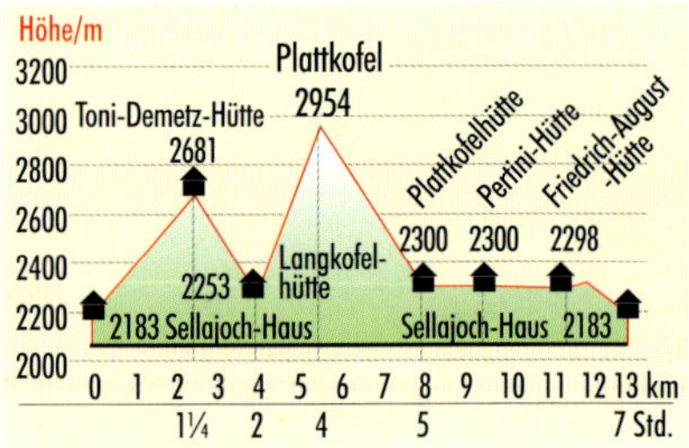

Ausgangs-/Endpunkt: Sellajoch-Haus (2183 m).
Zugang: Von Canazei auf Staatsstraße 242 zum Sellajoch-Haus.
Höhenunterschied: 1200 m (mit Gondel nur 700 m).
Gehzeit: 7 Std. (mit Gondel nur 5¾ Std.).
Charakter: Sehr schwierige und lange Tour (Klettersteigausrüstung notwendig).
Einkehr: Sellajoch-Haus, Toni-Demetz-Hütte, Langkofelhütte, Plattkofelhütte, Pertini-Hütte, Friedrich-August-Hütte.
Karten: KOMPASS Nr. 616 (1:25.000), Nr. 59 (1:50.000).

Vom **Sellajoch-Haus** wandern wir auf dem Weg Nr. 525 in nordwestlicher Richtung über steindurchsetzte Wiesen linksseitig an dem großen Bergsturz, der »Steinernen Stadt«, vorbei zur Langkofelscharte. Hier hören die Wiesen auf, und es geht in Kehren den großen Schuttkegel der Langkofelscharte hinauf, immer unter der Gondelbahn entlang (bei deren Benutzung wir 1¼ Std. sparen würden). Nach einer anstrengenden Wegstrecke gelangen wir so

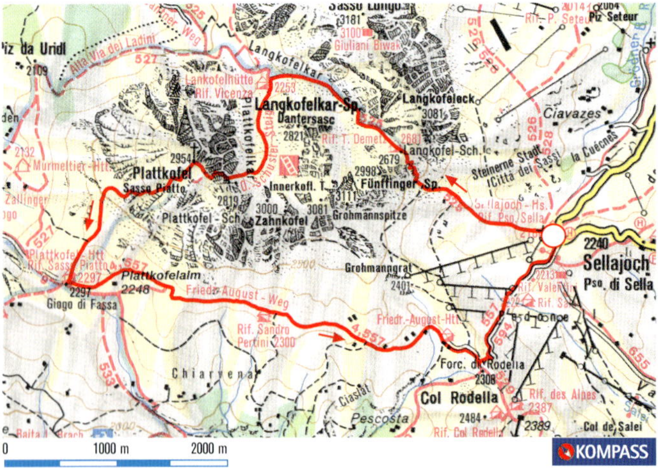

Die Fünffingerspitze vom Oscar-Schuster-Weg aus gesehen.

zur **Toni-Demetz-Hütte**, die sich auf der Scharte zwischen der Fünffingerspitze und dem Langkofel befindet.
Wir steigen in ein großes Gerölltal ab, biegen dann nach links ab und kommen zur **Langkofelhütte** (Rif. Vicenza). Ab hier gehen wir den Wegweisern »Sentiero Oscar Schuster« nach und wandern durch das Plattkofelkar bis unterhalb einer Rinne. Rechts davon befindet sich der Einstieg des Klettersteigs (30 Min. ab Hütte), der anfänglich über eine Rampe führt und dann in eine Schlucht. Hier geht es aufwärts - immer den Wegweisern nach - zu einer Felsentreppe und zur Forcella delle Torri (2730 m), wo wir besondere Vorsicht walten lassen müssen. Linker Hand kommen wir zu einem Felsenband, überwinden an Drahtseilen eine Rinne und stehen vor einer Wand. Durch eine Geröllrinne erklettern wir einige Rampen und stehen auf dem Gipfelgrat und gleich danach auf dem Gipfel des Plattkofel.
Auf dem gegenüberliegenden Hang steigen wir auf dem bezeichneten Weg ab, zuerst nach links, dann nach rechts, über große Felsenplatten und Geröll. Wieder müssen wir eine Schlucht sowie einen Rücken überwinden, ehe wir zur **Plattkofelhütte** kommen. Auf dem Friedrich-August-Weg (Nr. 4-557) durchschneiden wir auf halber Strecke die südliche Flanke der Berggruppe und kommen an der **Pertini-Hütte** sowie an der **Friedrich-August-Hütte** vorbei.
Über die Rodella-Scharte (2308 m), die Bar Salei und die Straße kehren wir zu unserem **Ausgangspunkt** zurück.

19

Rund um den Langkofel

Ausgangs-/Endpunkt: Sellajoch-Haus (2183 m).
Zugang: Von Canazei über Staatsstraße 242 zum Sellajoch-Haus.
Höhenunterschied: Ca. 550 m mit der Gondel nur 150 m.
Gehzeit: 4¼ Std. (mit Gondel nur 3 Std.).
Charakter: Leichte Rundtour.

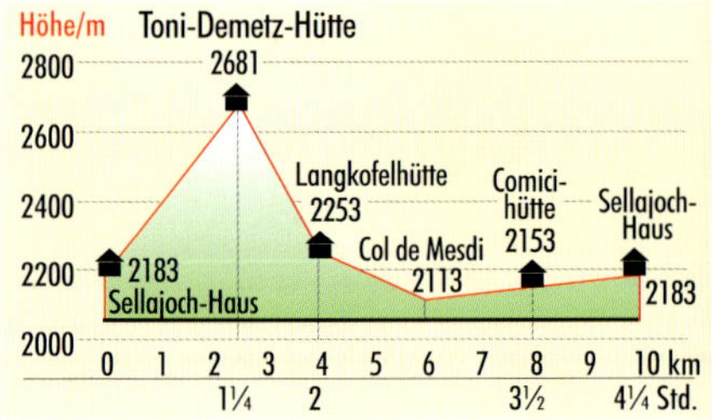

Einkehr: Sellajoch-Haus, Toni-Demetz-Hütte, Langkofelhütte, Comicihütte.

Karten: KOMPASS Nr. 616 (1:25.000), Nr. 55-59 (1:50.000).

Vom **Sellajoch-Haus** folgen wir in nordwestlicher Richtung dem Weg Nr. 525, mit Blick auf die Langkofelscharte, der Bergstation einer Gondelbahn. Wir wandern über steindurchsetzte Wiesen und bewundern rechter Hand den gewaltigen Bergsturz der »Steinernen Stadt«. Wo die Wiesen zu Ende gehen, steigen wir in Kehren über den großen Schuttkegel zur Langkofelscharte auf. Unter dem Gestänge der Gondelbahn (mit der wir uns 1¼ Std. Gehzeit

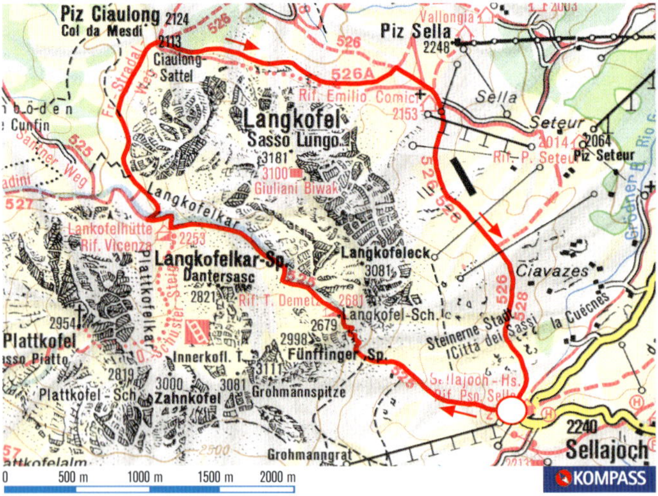

Die Comicihütte, 2153 m.

ersparen könnten) geht es ziemlich mühsam zur **Toni-Demetz-Hütte** auf der Langkofelscharte, einer Gebirgsbrücke zwischen der Fünffingerspitze und der grandiosen Langkofelwand.
Von der Hütte geht es auf gutem Weg in ein Gerölltal hinab, immer unterhalb der vielschichtigen Wand des Langkofels, wo sich der Normalweg durch eine imponierende Felsenlandschaft schlängelt. Mit einer Kehre nach links kommen wir zur **Langkofelhütte** (Rif. Vicenza). Von dort aus setzen wir unseren Abstieg auf Weg Nr. 526 nach rechts fort, verlassen die Klamm und kommen in offenes Gelände. Nun folgt ein leichter Anstieg bis zum nahen Piz Ciaulong (oder auch **Col de Mesdi** genannt), von dem wir ins Grödner Tal sehen können, auf die Geisler- und die Puez-Gruppen. Wir biegen nach Osten in Weg Nr. 526A ein, gehen zuerst über Geröll, dann über Wiesen, und steigen leicht auf zur **Comicihütte** (Rif. Emilio Comici), von dessen Aussichtspunkt wir den Blick ins Grödner Tal, auf die Geisler- und die Puez-Gruppen genießen. Nur ein paar Schritte trennen uns vom Wiesenbalkon der Piz Sella mit seiner Seilbahn.
Wir folgen dem Weg weiterhin nach Osten und steigen bequem über Wiesen auf. Der Blick geht auf das Sella-Massiv und seine gleichnamigen Türme. Zwei Skilifte bleiben linker Hand, und die »Steinerne Stadt« zu Füßen des imposanten Langkofelmassivs wird nur gestreift. Weiter geht es über Wiesen, und direkt vor uns erheben sich die Sella-Türme. Auf bequemem Weg Rückkehr zum **Ausgangspunkt**.

20

Pößnecker Klettersteig

Ausgangs-/Endpunkt: Sellajoch (2240 m).
Zugang: Von Canazei zum Sellajoch auf Staatsstraße 242); hier Parkplatz.
Höhenunterschied: 1000 m.
Gehzeit: 7 Std.
Charakter: Sehr schwieriger und ausgesetzter Klettersteig.
Einkehr: Unterwegs keine.
Karten: KOMPASS Nr. 616 (1:25.000), Nr. 55-59 (1:50.000).

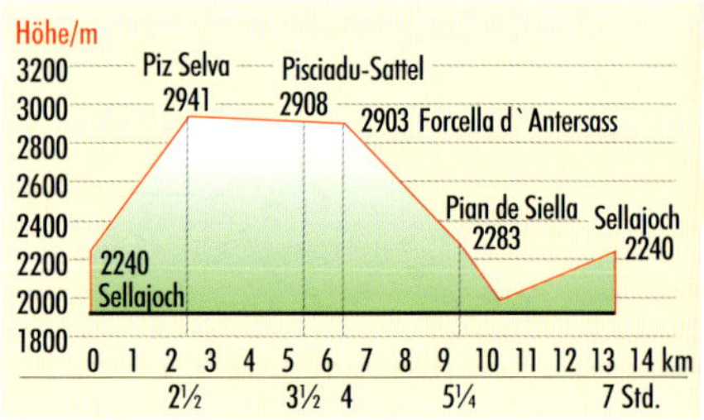

Hinter dem Albergo Maria Flora auf dem **Sellajoch** (2240 m) folgen wir dem Weg Nr. 649 über Wiesen oberhalb des Jochs, wandern am Fuße der Sellatürme vorbei und im leichten Anstieg bis unter eine schwarze Wand (Wasserfall). Hier ist – nach 30 Min. – der Einstieg in den Pößnecker Klettersteig (Ferrata delle Mesules) erreicht.

Zu Beginn geht es über Stufen und Rinnen an Fixseilen hinauf, dann folgen ein Übergang nach

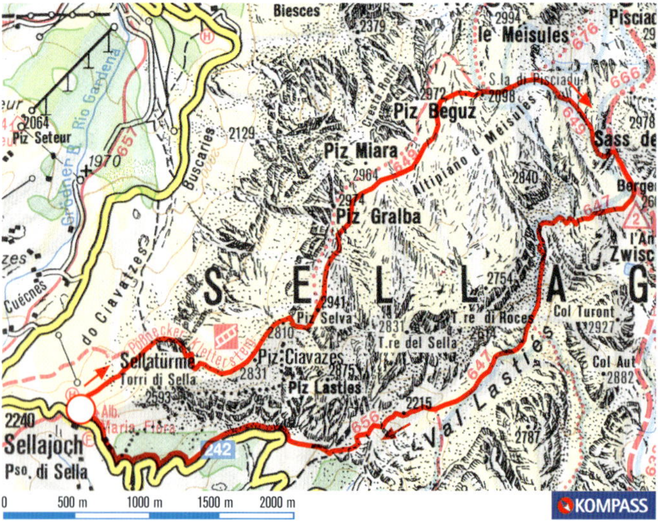

Schneebedeckter Piz Boè; der Sass Pordoi ragt über das Val Lasties, unseren Rückweg.

rechts und schließlich ein steiler Kamin und ein Leiterchen. Nach einer weiteren – ausgesetzten – Leiter steigen wir über Rinnen, Bänder und Felsen bis zu einer Geröllhalde, wo der erste Teil des Weges endet, der auch gleichzeitig der am meisten ausgesetzte und schwierigste ist. Auf dem Normalweg laufen wir nun über Schutt und erreichen einen Sattel zwischen Piz Ciavazes und Piz Selva. Hier erwarten uns die Wände der letzten, weniger ausgesetzten und einfacheren Teilstrecke. Wieder klettern wir über Rinnen und Stufen und kommen schließlich auf dem Gipfel des **Piz Selva** heraus, dem ersten einer Reihe markierter Erhebungen auf der Geröllebene der Sella. Auf Weg Nr. 649 überqueren wir die Hochebene delle Mesules am östlichen Rand bis zum großen **Sattel** des **Pisciadù**. Der Wegweiser Nr. 666 führt zur **Forcella d'Antersass**. (Wer zum Rifugio Boè möchte, sollte diesem Weg unterhalb des Antersass = Zwischenkofel folgen.)

Auf Weg Nr. 647 geht es hinunter ins Val Lastìes zwischen Sass Pordoi und Piz Lastìes bis zum **Pian de Siella**. An einer Weggabelung führt der Weg Nr. 647 hinunter zum Pian Schiavanèis (1980 m; 40 Min.). Wir aber halten uns rechts auf dem Weg Nr. 656 unterhalb der Felswände, überschreiten einen Bach und kommen aufwärts gehend aus dem Wald dicht bei den Felsen heraus. Auf 2053 m erreichen wir eine Kehre der Staatsstraße 242, auf der wir rund 2 km zum Sellajoch hinauflaufen müssen.

Der Pisciadù-Klettersteig

Ausgangs-/Endpunkt: 8. Kehre der Staatstraße 243 auf 1956 m.
Zugang: Vom Grödnerpass Richtung Kolfuschg auf Staatsstraße 243 ca. 2,5 km bis zur 8. Kehre (Parkplatz, Wegweiser).
Höhenunterschied: 640 m.
Gehzeit: 4 Std.
Charakter: Sehr schwierig, der zweite Teil ist recht exponiert.
Einkehr: Pisciadùseehütte.

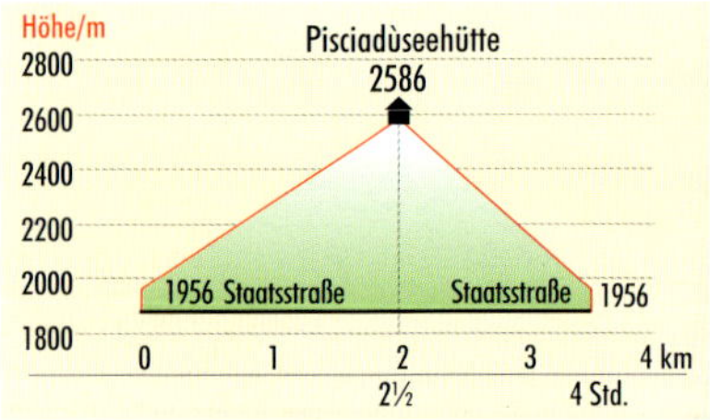

Karten: KOMPASS Nr. 616 (1:25.000), Nr. 59 (1:50.000).

Von dem direkt neben der Straße gelegenen **Parkplatz** – zwischen dem Grödnerpass und Kolfuschg – folgen wir den Wegweisern und betreten den Weg, der linker Hand in den Klettersteig mündet. Nach Überwindung einer kleinen gesicherten Wand kommen wir auf das große Querband, das um den unteren Teil der Wand herumläuft. Bald danach kreuzen wir den Weg, der vom Grödnerpass hierher führt, und steigen – nach rund einer ¾ Std. Anmarschweg – in den eigentlichen Klettersteig ein.

Rechts von einem Wasserfall geht es hinauf. Seile und Sprossen führen uns durch eine lange, ausgesetzte Wegstrecke durch Bänder und Stufen. Nach Überwindung dieses ersten Teils gelangen wir in eine große Schlucht und steigen auf gesichertem Steig rechts hinauf zum Exnerturm. Zu Beginn des jetzt folgenden Seilstücks ist es möglich, die Via ferrata zu verlassen, auf unschwierigem Weg in die Schlucht zurückzusteigen und auf ihm die Pisciadùseehütte zu erreichen. Diese Variante wird den weniger Geübten und allen, die sich bereits im ersten Abschnitt unsicher gefühlt haben, empfohlen.

Wer auf dem Klettersteig

bleibt, hält sich rechts und steigt auf dem letzten Wegstück zum Exnerturm auf. Ab hier müssen wir eine fast senkrechte, aber gut seilgesicherte Wand hinauf, zu Anfang über Sprossen, später über eine Treppe bis zu einer spektakulären Hängebrücke auf 2430 m.
Über sie verlassen wir den Exnerturm und kommen zu den Masores de Pisciadù, das Felsenmassiv der Sella. Über ein leicht zu begehendes Band erreichen wir die **Pisciadùseehütte** (Rif. Franco Cavazza al Pisciadù).
Der Abstieg erfolgt auf Weg Nr. 666 Richtung Westen, der uns zum Einstieg in das wilde Setùstal bringt. Über unschwierig zu begehende, seilgesicherte Felsen geht es ins Tal hinunter, auf Schutt (oder Schnee) verlieren wir wieder an Höhe bis zu einer Weggabelung. Nr. 666 führt nach links direkt zum Grödnerpass weiter, wir aber halten uns rechts und steigen in vielen Kehren und über Schutt zum Parkplatz an der Passstraße ab.

Tipp

Der Pisciadù-Klettersteig (Via ferrata Brigata Tridentina) gehört zu den beliebtesten und daher auch am meisten frequentierten Klettersteigen der Dolomiten. Bei zu großem Andrang wird von der Begehung abgeraten (Steinschlaggefahr!).

Kurz vor der Pisciadùseehütte muss man eine charakteristische und beeindruckende Hängebrücke überqueren.

22

Vom Sass Pordoi zum Piz Boè

Ausgangs-/Endpunkt: Sass Pordoi (2952 m).
Zugang: Vom Pordoijoch mit der Seilbahn zum Rifugio Maria auf dem Sass Pordoi (Tel. 0462/611 30).
Höhenunterschied: 400 m.
Gehzeit: 3 Std.
Charakter: Felsige Pfade, im Abstieg teils ausgesetzte, gesicherte Passagen.
Einkehr: Pordoihütte, Capanna Fassa, Boèhütte.
Karten: KOMPASS Nr. 616 (1:25.000), Nr. 55-59 (1:50.000).

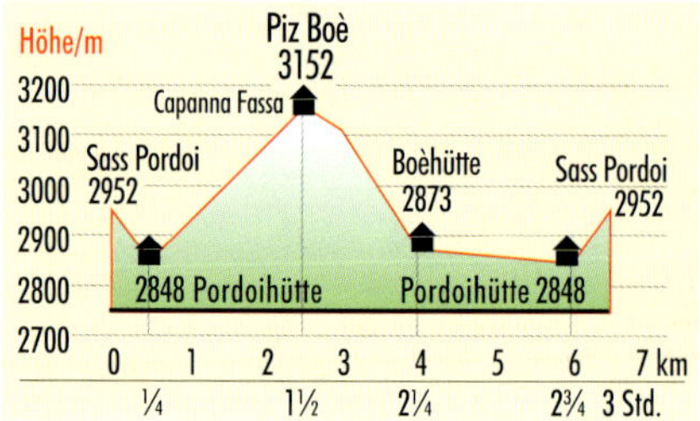

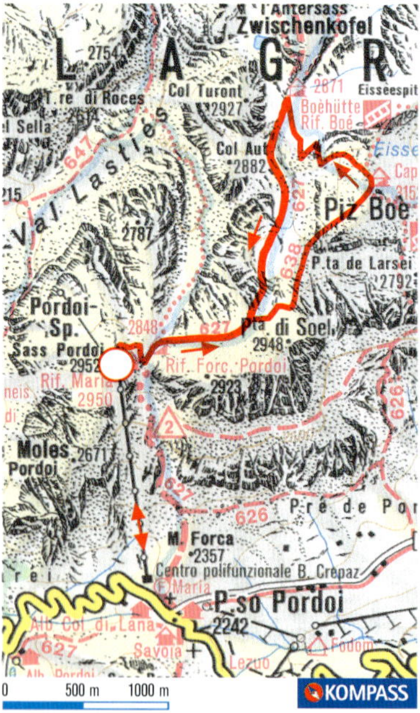

Von der Panoramaterrasse der Maria-Hütte auf dem **Sass Pordoi** gehen wir zuerst ein paar Schritte abwärts in Richtung Nordwesten zu einem Kreuz, um von dort die großartige Sicht auf den Langkofel und die Sella-Gruppe zu genießen. Wieder zurück wenden wir uns nach rechts und wandern auf Weg Nr. 627 bequem über den flachen und weiten Gipfel bis zur **Pordoihütte** (Rif. Forcella Pordoi). Die Hütte liegt in einer Felsenmulde des Vallon del Foss an der Kreuzung mit der Dolomiten-Höhenweg Nr. 2 am Eingang des Tales, das man auf dem Rückweg hinunterwandern könnte, um auf direktem Wege zu Fuß zum Pordoijoch zurückzukommen.
Vom Rifugio folgen wir in östlicher Richtung dem bequemen und viel begangenen Weg Nr. 627 zum nahen Piz

Boè. Bei der ersten Gabelung lassen wir den Weg zur Boèhütte (Rif. Boè) links liegen und gehen rechts auf Weg Nr. 638 (weiß-rot) weiter. Der Pfad bietet einen abwechslungsreichen Aufstieg auf die Felsen: Über leicht begehbare Felsen- und Geröllstufen erreichen wir nach einigen Kehren den Gipfel des **Piz Boè** mit der **Capanna Fassa**. Von hier fantastischer Blick über die Fassaner und Grödner Dolomiten sowie nach Ampezzo.

Hier gabelt sich Weg Nr. 638. Wir wenden uns nach links und steigen über Geröll bis zum sanften Einschnitt der Forcella dei Cacciatori (3110 m) hinunter. An einem seilbewehrten Band geht es weiter hinunter (ausgesetzt!), zuerst direkt am Felsen, dann ohne weitere Schwierigkeiten auf Geröll, bis wir zur charakteristischen **Boèhütte** auf der Sella-Hochebene nahe beim Col Turont kommen. Auf Weg 627 (Dolomiten-Höhenweg Nr. 2) queren wir die Geröllflanke westlich vom Piz Boè und schlendern bequem zur Forcella Pordoi und dem gleichnamigen Rifugio (**Pordoihütte**) zurück. Ein kurzer Gegenanstieg bringt uns zur Bergstation der Seilbahn auf dem **Sass Pordoi**. Mit ihr schweben wir angenehm zurück auf das Pordoijoch.

Tipp

Von der Boèhütte (Rifugio Boè) empfiehlt sich unbedingt der etwa 20-minütige unschwierige Aufstieg zum nahen Col Turont (2927 m), der eine großartige Sicht auf das im Westen liegende wilde Val Lasties bietet.

Unterwegs vom Sass Pordoi zum Piz Boè.

23

Über den Piz Boè zur Franz-Kostner-Hütte

Ausgangspunkt: Sass Pordoi (2952 m).
Zugang: Vom Pordoijoch mit der Seilbahn zum Rif. Maria auf dem Sass Pordoi (Tel. 0462/611 30).
Endpunkt: Pordoijoch (2239 m).
Höhenunterschied: ca. 450 m.
Gehzeit: 6 Std.
Charakter: Kürzere drahtseilgesicherte und anspruchsvolle Passagen am Lichtenfelser Steig.

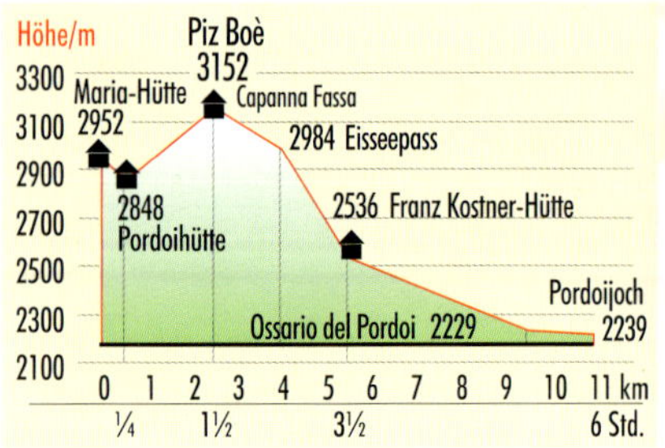

Einkehr: Rif. Maria, Pordoihütte, Capanna Fassa, Franz-Kostner-Hütte.

Karten: KOMPASS Nr. 616 (1:25.000), Nr. 55-59 (1:50.000).

Von der Maria-Hütte auf dem **Sass Pordoi** wenden wir uns auf dem bequemen Weg Nr. 627 nach rechts und wandern hinunter zur nahen **Pordoihütte** (Rif. Forcella Pordoi), die auf dem ziemlich felsigen Talweg des Vallon del Foss liegt, durch das auch der Dolomiten-Höhenweg Nr. 2 verläuft.

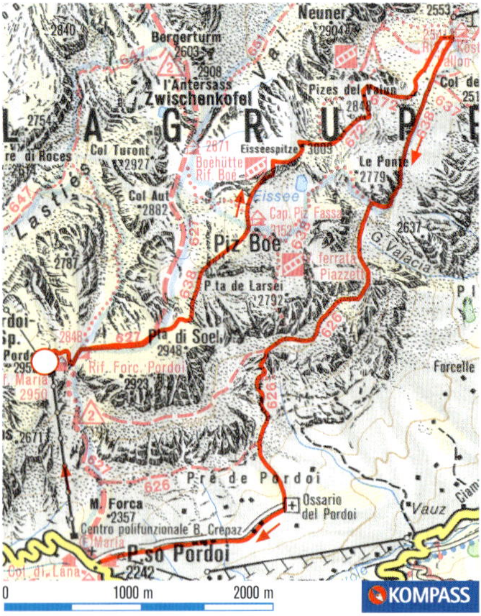

Wir gehen in östlicher Richtung auf dem viel begangenen Weg Nr. 627 weiter bis zu einer Kreuzung mit Weg Nr. 638 (zum Piz Boè), wo wir uns nach rechts wenden. Hier erklimmen wir die gutmütige Pyramide des Piz Boè auf abwechslungsreichem Felsen- und Stufenweg, bis wir den

Auf dem Lichtenfelser Weg.

Gipfel des **Piz Boè** und die **Capanna Fassa** erreicht haben. Von hier bietet sich eine grandiose Rundumsicht. Weg Nr. 638 gabelt sich hier. Wir gehen links weiter bis zur nahen Forcella dei Cacciatori (3110 m), wo wir den Weg nach rechts verlassen und den Wegweisern zur Cresta Strenta (Lichtenfelser Steig) folgen. Auf dem seilgesicherten, aber unschwierigen Kammweg mit Blick auf das Rifugio Boè geht es weiter bis zum **Eisseepass**.

Unterhalb von Spitztürmen und Scharten verläuft nun der Abstieg in die Schuttmulde unter der Cima del Vallon. Bei einer Lache am Rande der Mulde steigen wir an einem seilgesicherten Band ab, überqueren eine Hängebrücke und gehen immer noch abwärts bis an den Grund der Scharte unterhalb der Cima del Vallon, wo die gemütliche **Franz-Kostner-Hütte** (Rif. Vallon) nahe beim Col de Stagn zur Rast einladt.

Unterhalb der Ponte wandern wir dann auf Weg Nr. 638 aufwärts, verlassen den Lichtenfelser Steig nach rechts und steigen – am Kopfende des Gran Valacia – in eine steile Rinne ein. Hier sieht die Umgebung sehr ursprünglich aus. Bei einer Bergschulter beginnt die unschwierige Traversale entlang eines breiten südlichen Sella-Bandes, immer direkt unterhalb der markanten Folcwände.

Nach einer Kreuzung mit dem Klettersteig Cesare Piazzetta biegt der Weg nach links ab und bringt uns hinunter zum **Ossario del Pordoi**. Von diesem Beinhaus geht es auf bequemer Straße zurück zum **Pordoijoch**.

Via Ferrata Cesare Piazzetta

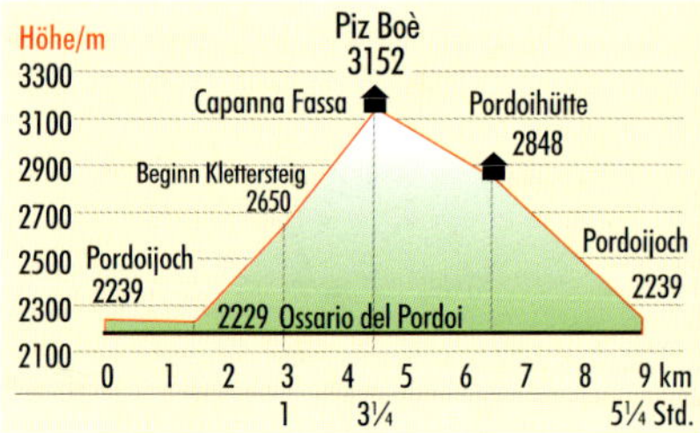

Ausgangs-/Endpunkt: Pordoijoch (2239 m).
Zugang: Von Canazei zum Pordoijoch (Staatsstraße 48); hier Parkplatz.
Höhenunterschied: 910 m.
Gehzeit: 5¼ Std.
Charakter: Äußerst anspruchsvoller und kräftezehrender Klettersteig in hochalpinem Gelände.
Einkehr: Capanna Fassa, Pordoihütte.
Karten: KOMPASS Nr. 616 (1:25.000), Nr. 55-59 (1:50.000).

Vom **Pordoijoch** folgen wir der Asphaltstraße bis zum nahe gelegenen **Ossario del Pordoi**. Den Wegweisern zur Via Ferrata Cesare Piazzetta entsprechend steigen wir über Wiesen zu einem offenen Tal unterhalb der Felswände hinauf. Beim Taleingang wenden wir uns nach rechts und steigen danach auf einem schönen Weg zwischen den Felsen weiter hinauf, bis wir rechter Hand den Einstieg in den Klettersteig erreichen.

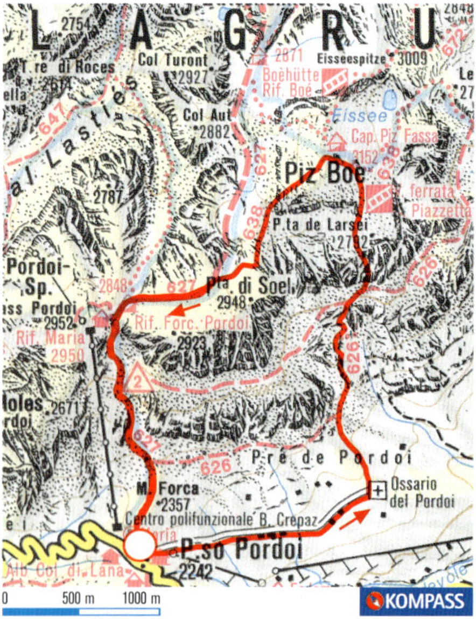

Die ersten senkrechten, schwierigen Meter bilden eine Art Probe aufs Exempel, um zu erfahren, womit bei diesem Weg zu rechnen ist. Danach geht es dann abwechselnd nach rechts und links weiter. Über eine Leiter ist ein Überhang zu meistern, und durch

Die Hängebrücke auf der Ferrata Cesare Piazzetta.

eine Rinne kommen wir zu einer Hängebrücke. Mit stetem Blick auf die Marmolada steigen wir – jetzt wieder leichter – auf eine Geröllterrasse, wo die Seilbefestigungen enden. Von hier geht es über hohe Stufen und Geröll ohne weitere Sicherung über Passagen des 1. und 2. Schwierigkeitsgrades. Nur alle 20 m befinden sich einzementierte Sprossen; zur Absicherung ist ein eigenes Seil unbedingt erforderlich. Über ein Band steigen wir nach rechts aus, erklimmen eine weitere Geröllhalde und erreichen den Weg, der in südöstlicher Richtung aufwärts führt. Auf ihm kommen wir zum Gipfel des **Piz Boè** mit seiner **Capanna Fassa**.

In südwestlicher Richtung wandern wir auf Weg Nr. 638 über Geröll und Felsblöcke auf einem bequemen Grat abwärts bis zu den Schuttfeldern am Wandfuß, und von dort weiter zur **Pordoihütte** (Rif. Forcella Pordoi). Auf Weg Nr. 627 geht es hinunter auf eine Geröllhalde unterhalb des Jochs, über einen Schuttabsatz und ein enges, tiefes Tälchen, bis wir wieder das **Pordoijoch** erreichen.

Tipp

Dieser Alpinweg weist mehrere ungesicherte und auch äußerst ausgesetzte Passagen auf und ist deshalb nur für Bergerfahrene mit ausreichender Ausrüstung oder in Begleitung eines Bergführers zu empfehlen. Es ist ebenfalls zu berücksichtigen, dass die hochalpine Lage unbedingt trockenes Wetter für die Begehung erfordert.

25

Der Bindelweg

Ausgangspunkt: Col dei Rossi (2383 m).
Zugang: Von Canazei mit der Seilbahn nach Pecol; von dort mit der Seilbahn Col dei Rossi - Belvedere (Tel. 0562/60 12 85) zum Belvedere (2338 m). Infos für die Bus-Rückfahrt: 0462/60 11 13.
Endpunkt: Rif. E. Castiglioni.
Höhenunterschied: 120 m
Gehzeit: 2 Std.
Charakter: Aussichtsreiche Höhenwanderung ohne große Steigungen.

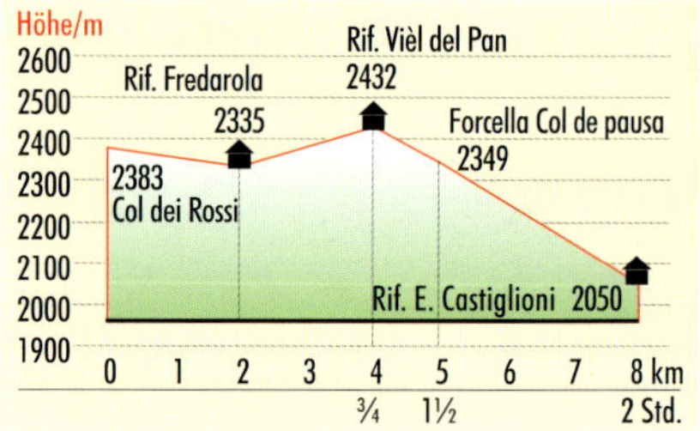

Einkehr: Rif. Fredarola, Rif. Vièl del Pan, Rif. Ettore Castiglioni.
Karten: KOMPASS Nr. 616-619 (1:25.000), Nr. 55-59 (1:50.000).

Die Wanderung beginnt bei der **Bergstation** der Seilbahn Col dei Rossi-Belvedere (2383 m). Wir folgen den Wegweisern zum Vièl del Pan (Bindelweg) nach Osten und kommen zu einem grünen Kamm, von dem aus es zum nahe gelegenen Rif. Belvedere hinabgeht.
Wir aber gehen auf dem Panoramaweg weiter, lassen das Rif. Sass Becè links liegen und gehen am **Rif. Fredarola** ebenso vorbei wie an der Weggabelung zur Alta Via delle Creste. Rechts kommen wir in leichtem Abstieg auf den großen Weg Nr. 601, den Vièl del Pan oder Bindelweg und wandern südlich vom Col del Cuc über Grashänge und erreichen in leichtem Anstieg das **Rifugio Vièl del Pan**.

Die Aussicht vom Bindelweg gehört zu den eindrucksvollsten in den Dolomiten: Vor uns liegt die Marmolada, der Gran Vernèl und der Fedaia-See. Im Westen befinden sich Colàc, die Crepa Neigra und der Ciampac.

hen an einer zweiten Abweigung vorbei, von der es auf einfacherem Weg ebenfalls zur Porta Vescovo (Wegweiser) geht. Nach einer kurzen Abwärtsstrecke erreichen wir eine dritte Abzweigung. Links geht es ins Val di Fe-

Sonnenuntergang auf dem Bindelweg und der Marmolada.

Der Weg verläuft nun weiter über die Wiesen unterhalb des Sass Capel und steigt zur **Forcella Col de Pausa** an. Vom Joch genießen wir den Blick auf das Sella-Panorama. Auch geht von hier aus der Kammweg ab, der über Le Forfes und Belvedere führt und zur Porta Vescovo absteigt.
Wir bleiben auf dem Bindelweg, der sich nun leicht senkt, und ge-

daia. Wir folgen dem breiten Weg und gehen ziemlich steil in mehreren Kehren hinunter, erst durch einen Wald, dann über einen Felsenkamm. In vielen Serpentinen führt der Weg nun hinunter bis zur Deichkante des Fedaia-Sees mit dem **Rif. Ettore Castiglioni**. Mit dem Shuttle-Bus, der im Sommer verkehrt, können wir wieder zu unseren Ausgangsort nach **Canazei** zurückkehren.

Rundwanderung zur Porta Vescovo

Ausgangs-/Endpunkt: Pordoijoch (2239 m).
Zugang: Vom Pordoijoch, an der Pordoi-Seilbahn vorbei, rechts zum Albergo Savoia (Parkplatz).
Höhenunterschied: 420 m.
Gehzeit: 4 Std.
Charakter: Auf und Ab über Grashänge und auf Kammwegen.
Einkehr: Rif. Fredarola, Rif. Vièl del Pan.

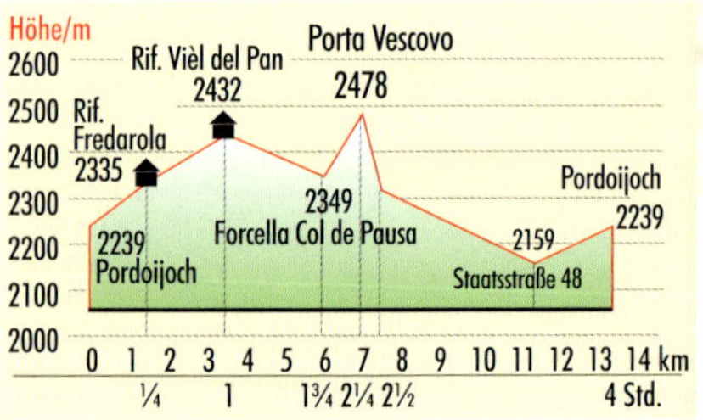

Karten: KOMPASS Nr. 616-619 (1:25.000), Nr. 55-59 (1:50.000).

Vom Albergo Savoia auf dem **Pordoijoch** wandern wir rechts die kleine Straße hinauf, die uns zum Pordoi-Kirchlein bringt. An diesem vorbei bleiben wir auf dem Weg Nr. 601 (Dolomiten-Höhenweg Nr. 2) unterhalb des Sass Becè. Rechts über uns sehen wir das Rifugio Sass Becè. Wir steigen auf den Kamm hinauf, der zwischen dem Pordoijoch und dem Pian Trevisan verläuft, und haben beim **Rifugio Fredarola** einen großartigen Panoramablick über das gesamte Fassa-Tal. Die Aussicht auf die Marmolada genießend wandern wir über Grashänge südlich vom Col del Cuc

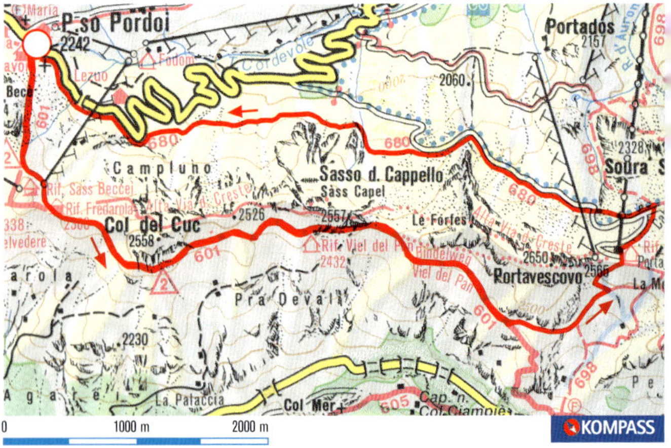

Das Rifugio Vièl del Pan.

und erreichen in kurvigem Anstieg das bereits sichtbare **Rifugio Vièl del Pan**.

Auf gleicher Höhe bleibend kommen wir zur **Forcella Col de Pausa**, wo der Kammweg zu Le Forfes und zum Belvedere sowie danach zur Porta Vescovo abzweigt. An diesem Weg passieren wir rechts vorbei und gehen nochmals rechts in leichtem Abstieg auf den aussichtsreichen Bindelweg. Der nächste Abzweig führt auf bequemerem Weg ebenfalls zur Porta Vescovo. Auf ihm - wiederum ein Kammweg - gelangen wir zum Belvedere und ins Fedaia-Tal.

Im Talgrund steigen wir auf Weg Nr. 698 kurz zur **Porta Vescovo** auf - einem von Bauten verschandelten Gebiet. Hier befinden sich nicht nur die Stationen der Arabba-Seilbahn sowie die von zwei weiteren Seilbahnen, sondern auch eine Bar bzw. Restaurant sowie eine noch im Bau befindliche Hütte.

Auf dem Weg bleibend steigen wir nun in nördlicher Richtung unter dem Seilbahngestänge ab und kommen recht bald auf der Höhe von 2319 m auf die Straße Nr. 680, die nördlich der Bergkette verläuft. Wir biegen links ein und wandern auf Wiesen Richtung Pordoijoch.

Nach etwa 1½-stündigem Abstieg erreichen wir bei einer **Kehre** (2159 m) die Staatsstraße 48 zwischen Kilometer 77 und 78 und laufen auf ihr die letzten beiden Kilometer zum **Pordoijoch** hinauf.

27

Die Ferrata delle Trincee

Ausgangs-/Endpunkt: Rifugio E. Castiglioni (2050 m).
Zugang: Von Canazei 12 km auf Straße bis zum Rif. E. Castiglioni beim Staudamm des Fedaia-Sees
Höhenunterschied: 700 m.
Gehzeit: 4 Std.
Charakter: Steile, exponierte und nur spärlich gesicherte Passagen – ein anspruchsvoller Klettersteig.
Einkehr: Rif. E. Castiglioni.

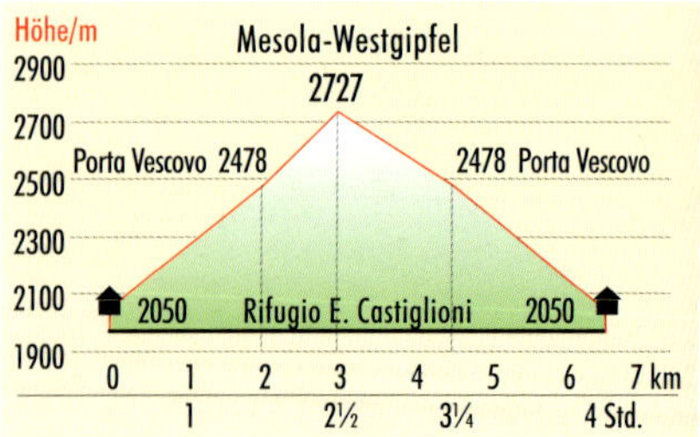

Karten: KOMPASS Nr. 616-619 (1:25.000), Nr. 55-59 (1:50.000).

Vom **Rifugio Ettore Castiglioni** lassen wir den berühmten Bindelweg links liegen und steigen in den Weg Nr. 698 ein. Auf ihm geht es unter den dunklen Felsen der Mesola (Mittagsspitze) ins Val di Fedaia. Bei einer Kreuzung, an der ein weiterer Weg zum Bindelweg zurückführt, kommen wir zu einer Bebauung.

Über Wiesen geht es weiter, bis wir kurz vor der Porta Vescovo in einen zweiten, noch stärker begangenen Verbindungsweg zum Bindelweg einbiegen. Er bringt uns zur **Porta Vescovo**, einen durch Bebauung verunstalteten Sattel. Hier stehen nicht nur die Bergstationen der Arabba-Seilbahn und von zwei weiteren Seilbahnen, sondern auch eine Bar bzw. ein Restaurant und eine ganz neu erbaute

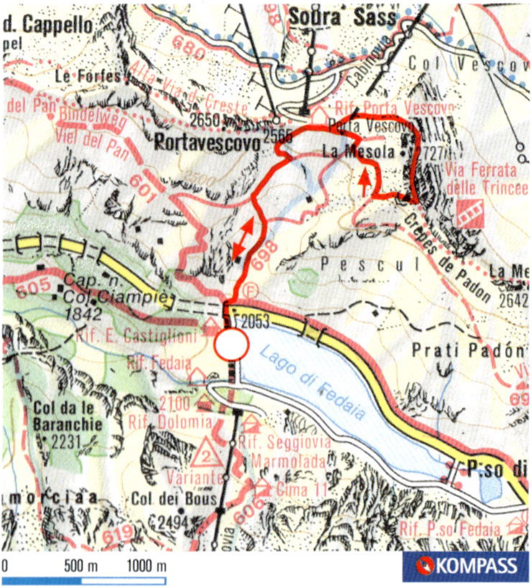

Auf der Ferrata delle Trincee mit der Porta Vescovo.

Hütte. Ab hier folgen wir den Wegweisern zum Klettersteig. Der Weg verläuft erst eben, steigt aber bis zum Einstieg, den wir nach ca. 20 Min. erreichen, an. Ab hier geht es nun senkrecht hinauf (Drahtseile!) durch die Westwand der Mesola. Dieser Abschnitt ist wegen seiner Steilheit und wegen spärlich angebrachter Tritthilfen nur für Klettererfahrene geeignet!

Weniger gefährlich geht es dann an einem Felsband weiter. Links über Platten gehend erreichen wir eine Kante und bald darauf auch den oberen Grat. Bei großartiger Aussicht überwinden wir mittels einer Hängebrücke einen ungangbaren Spalt und steigen danach auf den westlichen Gipfel der **Mesola**. An Seilen geht es an der Ostkante hinunter, vorbei an ausgesetzten Passagen, bis zu einem Sattel zwischen den beiden Gipfeln der Mesola, wo der erste Abschnitt des Klettersteigs endet. Wir verlassen den Klettersteig, steigen rechter Hand auf südlichen Hängen ab, gelangen auf dem Normalweg wieder zur **Porta Vescovo** und von dort gemütlich abwärts wandernd zu unserem Ausgangspunkt zurück.

Tipp

Hier wird nur der erste Teil des Klettersteigs bis zum Sattel zwischen den beiden Spitzen der Mesola beschrieben. Weitere lohnende – und auch leichtere – Aufstiege zum zweiten Gipfel und zur Mesolina sind jederzeit möglich.

28

Marmolada-Klettersteig

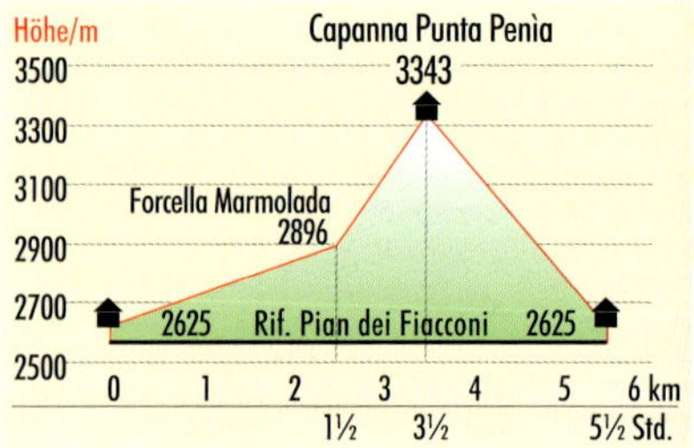

Ausgangs-/Endpunkt: Rif. Pian dei Fiacconi (2625 m).
Zugang: Vom Fedaia-See (12 km von Canazei) zum Rif. Pian dei Fiacconi mit der Fedaia-Gondelbahn (Tel. 0462/60 25 35).
Höhenunterschied: 750 m.
Gehzeit: 5½ Std.
Charakter: Hochalpiner Klettersteig mit Gletscherberührung (Eisausrüstung!), Erfahrung in kombiniertem Gelände notwendig.
Einkehr: Rif. Pian dei Fiacconi, Capanna Punta Penìa.
Karten: KOMPASS Nr. 616-619 (1:25.000), Nr. 55-59 (1:50.000).

Tipp

Hochalpiner Weg über Gletscher und Felsen. Nur für klettererfahrene Berggeher mit entsprechender Ausrüstung oder in Begleitung eines Bergführers zu empfehlen.

Vom **Rif. Pian dei Fiacconi** (Tel. 0462/601412) wenden wir uns auf Weg Nr. 606 nach Westen. Wir umgehen einen Felsenspalt und kommen in die Vertiefung zwischen der Punta Penìa und dem Gran Vernèl. Über Geröll und Schnee steigen wir durch das ganze Tal bis zur **Forcella Marmolada** hinauf, wo wir den Weg verlassen, der dann weiter zum Rifugio Contrin hinunterführt. Nach links steigen wir nun zu dem über den Westgrat führenden Klettersteig auf, wobei uns eine ganze Reihe von in den Fels geschlagenen Eisenstufen helfen. Wir erreichen ein stark geröllhaltiges Gelände, dessen Bewältigung mittels Drahtseilen, Sprossen und Leitern erleichtert wird, und gelangen so auf die Grathöhe. Über

Auf dem Marmolada-Klettersteig.

glatte Platten und entlang den Drahtseilen bewegen wir uns weiter in der Nordflanke des Grates, bis wir auf den schneebedeckten Kamm hinaustreten und bald den Gipfel der **Punta Penìa** mit der gleichnamigen Hütte erreichen. Der Abstieg erfolgt über die Schena de Mul, einen ausgesetzten, schneebedeckten Grat auf der Nordseite. Hier ist Vorsicht geboten! Danach geht es rechter Hand über Felsen (Wegweiser und Sicherungshaken) hinunter bis zum Marmolada-Gletscher. Auf der normalerweise gut gespurten Piste geht es an Spalten und Eiszacken (Seracs) vorbei hinunter zurück zum **Rif. Pian dei Fiacconi**.

29

Der Fedaia-Rundweg

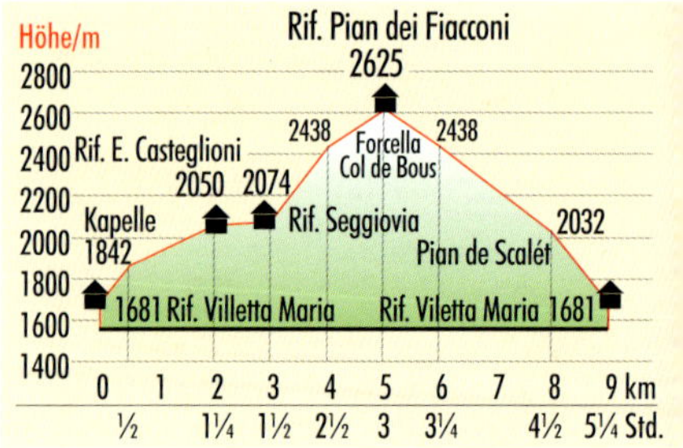

Ausgangs-/Endpunkt: Rif. Villetta Maria im Pian Trevisan (1681 m).
Zugang: Von Canazei auf der Straße Richtung Fedaia, bei Höhe 1700 m nach rechts abbiegen (Wegweiser) und zum Parkplatz von Pian Trevisan hinunterfahren.
Höhenunterschied: 950 m.
Gehzeit: 5¼ Std.
Charakter: Teils steilere Passagen über steiniges und felsiges Terrain.
Einkehr: Rif. Villetta Maria, Rif. E. Castiglioni, Rif. Seggiovia, Rif. Pian dei Fiacconi.
Karten: KOMPASS Nr. 616-619 (1:25.000), Nr. 55-59 (1:50.000).

Beim **Rifugio Villetta Maria** im Pian Trevisan folgen wir der »Via Nèva« (Nr. 605), dem alten Weg zur Fedaia. Auf einer Rampe unterhalb des Col Mèr geht es steil hinauf bis zum Kapellchen »Crist de Fedaa«, dem Schlusspunkt des Kreuzweges.

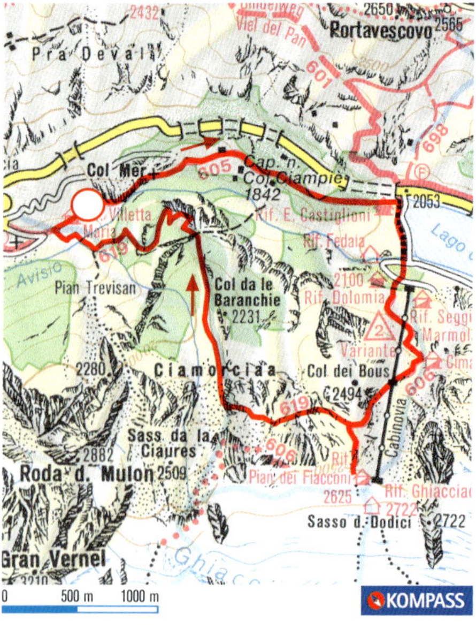

Weniger steil geht es weiter zum Col de Ciampiè, dann aber wieder anstrengender bis zum **Rifugio Ettore Castiglioni** hinauf, nahe bei der Staumauer des Fedaia-Sees, mit grandiosem Ausblick auf den genau gegenüberliegenden Marmoladagletscher.

Wir wenden uns nach rechts, gehen auf der Staumauer

Forcella Col de Bous mit Langkofel im Hintergrund.

entlang, vorbei an einigen Bars, Restaurants und Alberghi bis zum **Rifugio Seggiovia**.
Hier mündet in südlicher Richtung Weg Nr. 606 ein (Wegweiser), eine Variante des Dolomiten-Höhenweges Nr. 2. Auf diesem Weg steigen wir - zuerst an einigen wenigen Lärchen vorbei, dann über Steinblöcke, Grasplatten und glatt geschliffene Felsen - in Serpentinen unterhalb der Kabinenbahn des Pian dei Fiacconi hinauf und wenden uns anschließend nach rechts. Am Fuße der Wände des Col de Mous erreichen wir auf steiler Wegstrecke bei der **Forcella Col de Bous** den Abzweig des Weges Nr. 619 und betrachtend staunend die Kriegsreste unterhalb der Südkante des Col de Bous.
Hier bietet sich ein Abstecher zum **Rifugio Pian dei Fiacconi** am Rande des Marmolada-Gletschers an, der zu Anfang auf einem Weg, später dann auf einer breiten Skipiste verläuft.
Wieder zur **Forcella Col de Bous** zurückgekehrt, gehen wir nach links auf Weg Nr. 619 und haben den Gran Vernèl und die Roda de Mulon vor uns. Über Moränenschutt und Steinhaufen geht es nun hinunter bis zu einem Wald auf dem **Pian de Scalét**.
An einem Wasserfall vorbei kehren wir auf einem aus dem Felsen herausgehauenen Saumpfad zum **Rifugio Villetta Maria** zurück.

30

Zum Rifugio Contrin

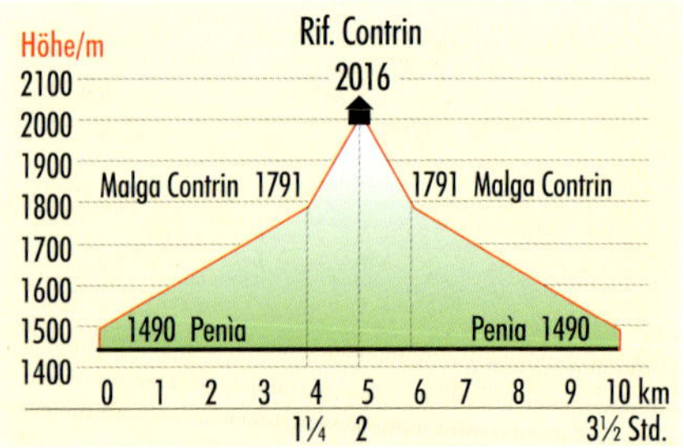

Ausgangs-/Endpunkt: Bei Penìa (1490 m).
Zugang: Von Canazei auf der Straße Richtung Fedaia bis Alba. Gleich hinter der Ortschaft, aber noch vor Penìa, rechts abbiegen zum Parkplatz der Ciampac-Seilbahn.
Höhenunterschied: 630 m.
Gehzeit: 3½ Std.
Charakter: Gemütliche und aussichtsreiche Hüttenwanderung.
Einkehr: Rif. Contrin.
Karten: KOMPASS Nr. 616-619 (1:25.000), Nr. 55-59 (1:50.000).

Im Bereich der Talstation der Ciampac-Seilbahn mündet ein Sträßchen mit der Nr. 602 in den Wald. Auf ihr geht es in Kehren

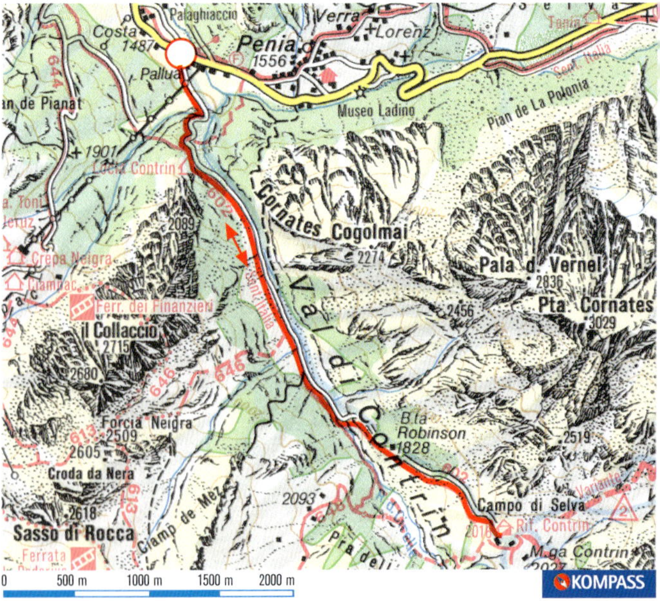

Das Kirchlein beim Rifugio Contrin.

steil aufwärts ins Contrin-Tal hinein. Der Weg überwindet eine Klamm (Wasserfall im Wald) und führt zur Baita Locia bei einer typischen, U-förmigen Einsattelung – dem Cancèl. Auf der Höhe von 1736 m öffnet sich der Weg zwischen der Nordkante des Colàc und dem Grat der Pala di Vernèl. Hinter dem Cancèl beginnt die Ebene des Hangtales von Contrin am Fuße der Felsen der Pala di Vernèl und des Colàc. Am Rio delle Cirelle entlang geht es nun gemütlich weiter. Die rechter Hand abgehenden Wege 646 und 648 in der Nähe der Brücke der **Malga Contrin** ignorieren wir. Hier geht es wieder aufwärts, an einer Alm vorbei, in ein sehr schönes Gelände. Zum Schluss schlendern wir an einigen wenigen Lärchen vorbei und erreichen das **Rifugio Contrin** der ANA (Associazione Nazionale Alpini) bei der Einmündung des Val Rosalia.

Von den Wänden der Cima Ombretta (3011 m) überragt und nach Süden durch die Kette der Cima Uomo, des Col Ombert und des Colàc abgeschlossen, gehört dieser Platz zu den spektakulärsten in den Dolomiten. Das Val Rosalia wiederum ist umgeben vom Gran Vernèl (3210 m), vom Piccolo Vernèl (3098 m) und von der Marmolada (3343 m).

Das Rifugio Contrin ist ein idealer Bergsteigerstützpunkt. Es wurde auf den Überresten der alten Bergsteigerunterkunft der Sektion Nürnberg des Österreichisch-Deutschen Alpenvereins errichtet. Der **Rückweg** erfolgt auf der gleichen Route.

Rund um den Colàc

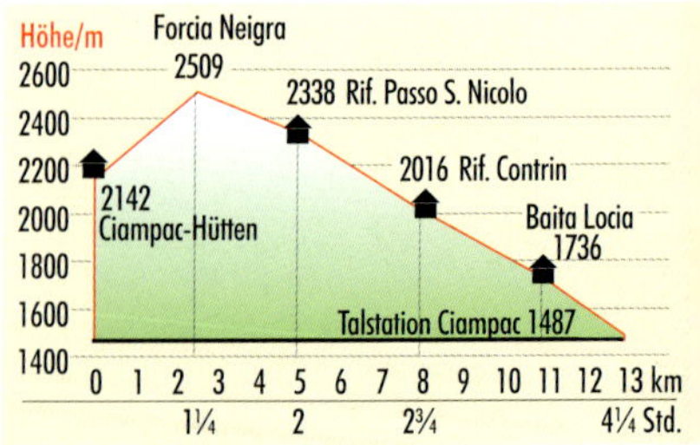

Ausgangspunkt: Ciampac-Hütten (2142 m).
Zugang: Mit der Ciampac-Seilbahn (zwischen Penìa und Alba) zu den Hütten im Bergkessel von Ciampac.
Endpunkt: Talstation der Ciampac-Seilbahn (1487 m).
Höhenunterschied: 450 m.
Gehzeit: 4¼ Std.
Charakter: Zwei seilgesicherte Wegstücke, teils steiler Waldpfad im Abstieg.
Einkehr: Ciampac-Hütten, Rif. Passo San Nicolò, Rif. Contrin, Baita Locia.
Karten: KOMPASS Nr. 616-619 (1:25.000), Nr. 55-59 (1:50.000).

Von der mit Bar und Restaurant ausgestatteten **Bergstation der Ciampac-Seilbahn** (im Bergkessel von Ciampac befinden sich außerdem noch die Baita Valeruz, das Rifugio Ciampac und das Rifugio Tabià del Giagher) verfolgen wir den Weg Nr. 644 unter der Brunech-Sesselbahn.

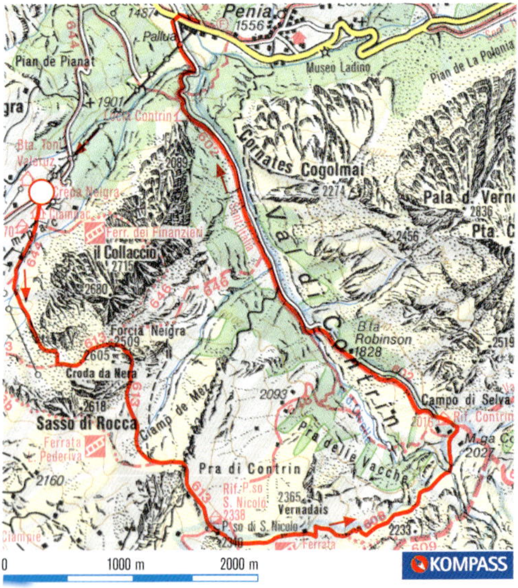

Bald schon verlassen wir diesen Weg, biegen nach links ein und wandern – aufwärts steigend – auf Weg Nr. 613 weiter, der vom Brunech-Sattel herkommt. Auf ihm bleiben wir bis zur **Forcia Neigra**, den großen Sattel, der sich zwischen dem Colàc und der markierten Croda-Nera-Abzwei-

Blick von Weg Nr. 613, nahe beim Dantone-Turm, auf die Forcia Neigra und den Colàc.

gung Nr. 646 befindet.
Nach diesem Übergang gehen wir auf Weg Nr. 613 weiter, entlang der Flanke der Croda Nera (oder Sasso Nero), in stetem Auf und Ab, mit zwei seilgesicherten Wegstrecken, über einen kleinen offenen Sattel zwischen dem Sasso Nero und der düsteren Torre Dantone. Abwärts laufend überqueren wir die liebliche Wiesenmulde des Ciamp de Mez und kreuzen Weg Nr. 613 b »Lino Pederiva« (30 Min.). Über einen Grat (Höhle) steigen wir zum **Passo San Nicolò** ab (2338 m). Hier das gleichnamige **Rifugio** und eine recht gute Aussicht.
Vom Rif. Passo San Nicolò steigen wir - am Weg Nr. 648 vorbei - nach Osten hin ab (Nr. 608), wandern über die Bernardàis-Wiesen und weiter unten über Weiden und erreichen einen Wildbach, wo wir noch einmal kurz aufsteigen müssen, um zum **Rif. Contrin** (2016 m) zu kommen.
Am Fuße des Gran Vernèl und der Pala del Vernèl geht es nun auf Weg Nr. 602 das Contrin-Tal entlang und hinunter, wobei wir nach etwa einer ½ Std. an Weg Nr. 648 (Brücke) ebenso vorbeigehen wie an Weg Nr. 646. Unser Weg verläuft eine Zeitlang fast eben, senkt sich dann aber wieder hinab und es geht ziemlich steil in einen Wald mit Wasserfall. Wir passieren die **Baita Locia** und wandern auf einem guten Saumpfad weiter abwärts bis zur Talstation der **Ciampac-Seilbahn**.

Die Ferrata dei Finanzieri

Ausgangs-/Endpunkt: Ciampac-Hütten (2142 m).
Zugang: Mit der Ciampac-Seilbahn (Talstation auf der Fedaia-Straße zwischen Alba und Penìa) zu den Ciampac-Hütten.
Höhenunterschied: 580 m.
Gehzeit: 4½ Std.
Charakter: Sehr ausgesetzter und anspruchsvoller Klettersteig.
Einkehr: Ciampac-Hütten.

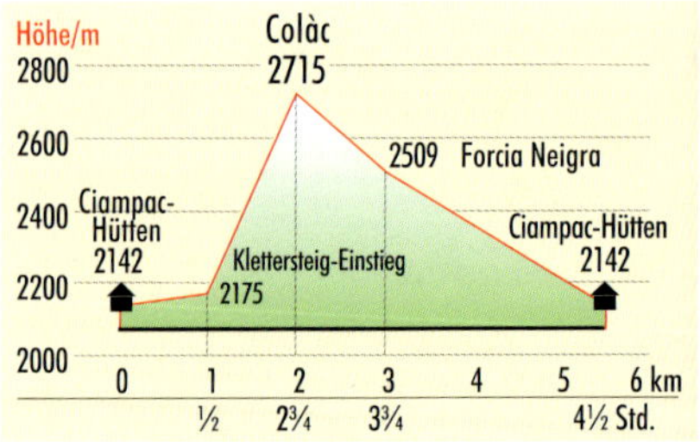

Karten: KOMPASS Nr. 616-619 (1:25.000), Nr. 55-59 (1:50.000).

Von der **Bergstation der Ciampac-Seilbahn** (Bar/Restaurant) aus ist man rasch bei der kleinen Hütte Tabià del Giagher. Hier folgen wir den Wegweisern zum Klettersteig in Richtung Colàc. Zuerst wandert man auf einem Sträßchen leicht abwärts, dann geht es auf einem Wanderweg aufwärts. Über Schutt ist bald der markierte Einstieg des Klettersteigs erreicht.
Die ersten Meter in den Felsen hinauf erfolgen entlang von Drahtseilen, dann folgt ein leicht links gerichteter Übergang über Sprossen und eine Rinne. Links haltend erreichen wir eine Felsenkante und steigen auf seilgesicherten Felsen weiter aufwärts.

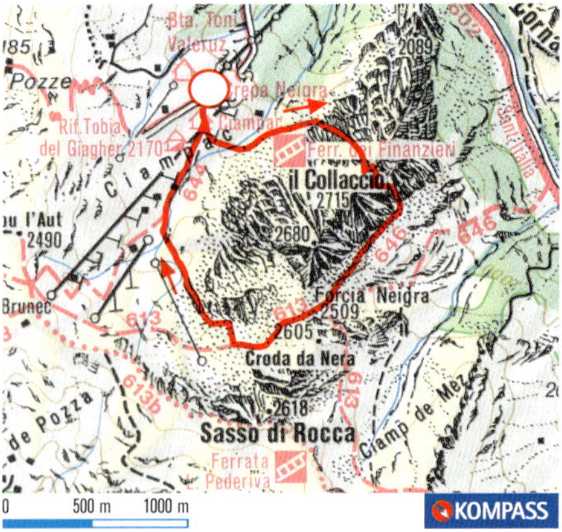

Das Mittelstück des Klettersteigs wurde kürzlich mit einer Reihe von sehr ausgesetzten Stufen versehen, wodurch aber die Gefahr, die das brüchige Gestein bietet, ebenso gebannt wurde wie die des Steinschlags. Auf diesen Stufen gelangen wir zu einem kleinen Absatz, einer Rinne und einem Grat – alle drahtseilgesichert –

Der Colàc und der Ciampac-Bergkessel vom Pian di Selle aus gesehen. Links sieht man den Großen Vernèl und die Südwand der Marmolada.

des alten Steigs. Die restliche Strecke bringt uns direkt zu einem Einschnitt des schmalen Grates des Vorgipfels. Über diesen Grat geht es nach rechts unschwierig auf den Gipfel des **Colàc**.

Der Abstiegsweg verläuft über die Scharte des Vorgipfels, wo der Klettersteig des Südostabhangs angezeigt ist. Mit Hilfe einiger fester Seile und Klammern durchqueren wir abwärts gehend eine Geröllrinne, wenden uns nach rechts und betreten eine zweite Rinne. An deren Ausgang geht es unterhalb der Südwestflanke des Colàc weiter in einen großen Talkessel, der zum Contrin-Tal gerichtet ist. Von hier steigen wir zur **Forcia Neigra** auf.

Im Anblick der Ciampac-Mulde steigen wir in das Tal hinunter bis zum Sträßchen, das vom Brunech-Sattel in unseren Weg mündet. Auf ihm geht es rechter Hand abwärts zu den **Ciampac-Hütten**.

Tipp

Der Finanzierl-Klettersteig erweist sich nach einer kürzlichen Instandsetzung und dem Anbringen von Treppenstufen als sehr ausgesetzt und anstrengend und ist nur für geübte Klettersteiggeher zu empfehlen. Gegebenenfalls sollte ein Bergführer engagiert werden.

Auf dem Lino-Pederiva-Weg

Ausgangs-/Endpunkt: Ciampac-Hütten (2142 m).
Zugang: Mit der Ciampac-Seilbahn (Talstation auf der Fedaia-Straße zwischen Alba und Penìa) zu den Ciampac-Hütten.
Höhenunterschied: 800 m.
Gehzeit: 4¼ Std.
Charakter: Mehrere Drahtseilstellen.
Einkehr: Ciampac-Hütten, Rif. Passo San Nicolò.

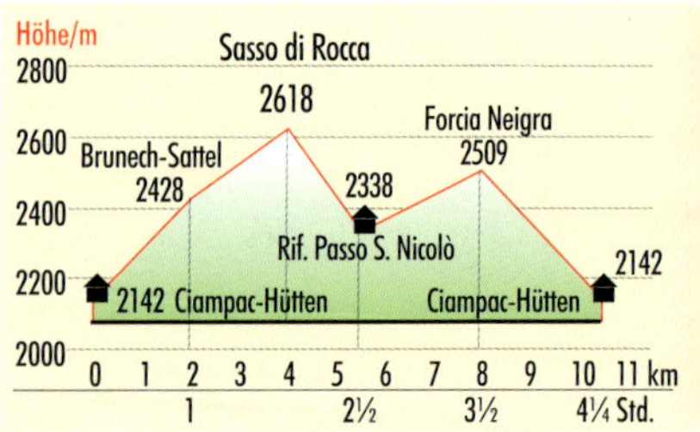

Karten: KOMPASS Nr. 616-619 (1:25.000), Nr. 55-59 (1:50.000).

Von der **Bergstation der Ciampac-Seilbahn** (Bar/Restaurant) folgen wir den Wegweisern 644 und unterqueren den Brunech-Sessellift. Ganz in der Nähe befinden sich auch das Rif. Ciampac und die Hütte Tabià del Giagher. Zwischen den Graskämmen des Su L'Aut (rechts) und dem Grat, der vom Sass de Porcèl zum Sasso di Rocca verläuft, wandern wir auf die hohe Ciampac-Mulde hinauf bis zum **Brunech-Sattel**, der Bergstation des Sessellifts. Oberhalb der Station (rund 5 Min.) kommen wir zum Sentiero Lino Pederiva, der bei Nässe allerdings sehr rutschig sein kann! Er beginnt auf dem Grasrücken des Sass de Porcèl, den man wegen seiner lohnenden, weil hervorragenden

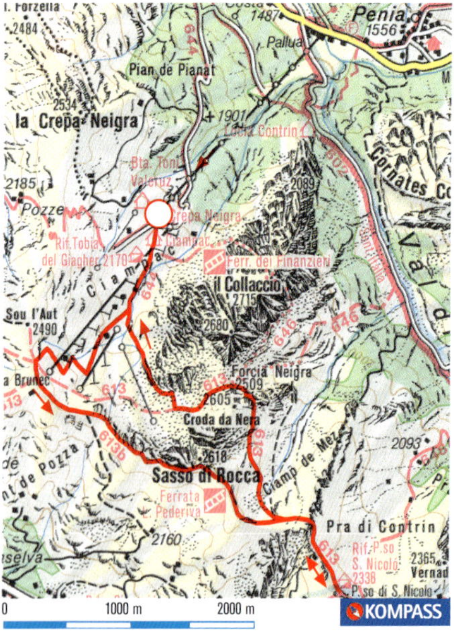

Blick vom Pederiva-Weg auf Colàc und die Croda Nera.

Panoramaaussicht auf jeden Fall besteigen sollte.
Auf Weg Nr. 613 b wandern wir über einige Gegenanstiege nach Osten und erreichen über den Grasgrat den **Sasso di Rocca**. Hier sind die ersten Fixseile befestigt. Mit vier kurzen gesicherten Abschnitten werden einige Einbuchtungen überwunden.
Dann geht man wieder über Wiesen und hat nach rund 2¼ Std. Gehzeit bei einer Wegkreuzung (Nr. 613) das Val di Contrin, die Marmolada und den Passo San Nicolò vor Augen.
Nach kurzem Aufstieg und darauffolgendem Abstieg erreichen wir den **Passo San Nicolò** mit seinem gleichnamigen **Rifugio**.
Auf Weg 613 kehren wir zurück zu Weg 613 b (ca. 20 Min.), gehen jedoch rechts an ihm vorbei, bleiben also auf 613 und wandern durch die Grasmulde des Ciamp de Mez und dann hinauf auf die offene Scharte zwischen der Torre Dantone und der Croda Nera. Es folgen zwei kurze gesicherte Abschnitte (Bei Nässe ist hier Vorsicht angebracht!). Linker Hand an Weg 646 vorbei kommen wir zur **Forcia Neigra**, dem freien Sattel zwischen Colàc und der Croda Nera.
Auf bezeichnetem Weg geht es nun in den Talkessel des Ciampac (auch hier Vorsicht bei Nässe!). Bei den Wiesen biegen wir nach rechts auf die kleine Straße ab, die uns zu den **Ciampac-Hütten** zurückbringt.

Ciampac-Rundwanderung

Ausgangs-/Endpunkt: Ciampac-Hütten (2142 m).
Zugang: Mit der Ciampac-Seilbahn (Talstation auf der Fedaia-Straße zwischen Alba und Penìa) zu den Ciampac-Hütten.
Höhenunterschied: 400 m.
Gehzeit: 2½ Std.
Charakter: Bequeme und sehr aussichtsreiche Panoramawanderung.
Einkehr: Ciampac-Hütten.

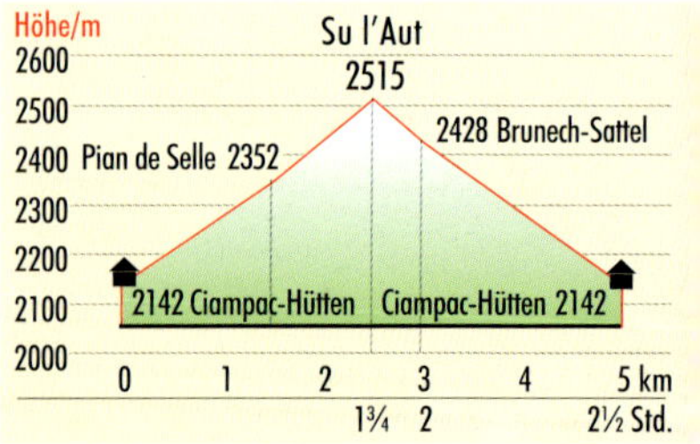

Karten: KOMPASS Nr. 616-619 (1:25 5000), Nr. 55-59 (1:50.000).

Von der mit Bar und Restaurant versehenen **Bergstation der Ciampac-Seilbahn** kommen wir rasch zum nahen Tobià del Giagher. Hier befinden sich zwei weitere Einrichtungen: das Rif. Ciampac und die Baita Valeruz.
Wir wenden uns nach rechts auf Weg Nr. 645, schlendern über Wiesen und an einem Heustadel unterhalb der düsteren Crepa Neigra vorbei. Vor uns liegt der massige Colác. Weiterhin über Wiesen aufsteigend gelangen wir unterhalb des Graskammes mit Blick auf das Val di Crepa am Fuße der Crepa Neigra zum **Pian de Selle**. Vom Sattel kommen wir in eine

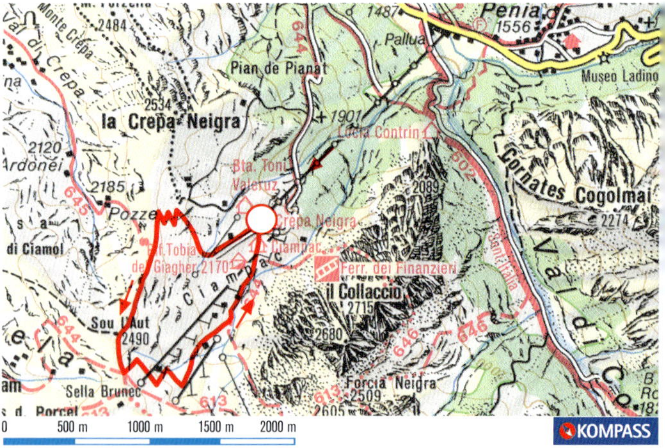

Die Sella del Brunech und der Su l'Aut (rechts) mit dem Rosengarten im Hintergrund.

leicht gewellte Ebene, verlassen linker Hand den Weg 645, der ins Val di Crepa führt, und setzen den Aufstieg zum Kamm fort. Mit steigender Höhe kommt der Talkessel vom Ciampac immer besser in Sicht. Unschwierig wandern wir auf den Gipfel des **Su l'Aut** und genießen die großartige Rundumsicht auf die Monzoni-Kette, die Marmolada-Gruppe, in das Vièl del Pan, auf die Sella, den Langkofel und den Rosengarten. An dem zum Val Giumella gerichteten Hang geht es nun hinunter, und wir erreichen bald und unschwierig den anfangs schmalen, dann breiter werdenden grünen Grat bei der **Sella del Brunech** (Bergstation der vom Ciampac herauffahrenden Seilbahn.

Von der Sella del Brunech geht es auf bequemem Weg (Nr. 644) hinunter in die Ciampac-Mulde, wobei wir den Sessellift unterqueren und uns nach rechts wenden, bis zu den Ciampac-Hütten und der gleichnamigen Seilbahn, mit der wir ins Tal zurückkehren können. Wer zu Fuß gehen will, bleibt auf Wanderweg Nr. 644, kommt ins Pian de Planat und in etwa 1 Std. nach Alba. Von dort muss man dann aber an der Straße entlang gehen bis zur Seilbahnstation.

Kulturtipp

Nordöstlich und unweit von Penìa liegen Lorenz und Verra, die höchst gelegenen, ständig besiedelten Ortschaften des Trentino, wo ladinische Sprache, Kultur und Architektur bewahrt werden. Ein Besuch nach der Rundtour lohnt sich.

Rund um die Crepa Neigra

Ausgangs-/Endpunkt: Campitello di Fassa (1407 m).
Zugang: Von Campitello di Fassa geht es hinauf zum Parkplatz der Col Rodella-Seilbahn.
Höhenunterschied: 1000 m.
Gehzeit: 5¾ Std.
Charakter: Lange Tour mit steileren Passagen.
Einkehr: Ciampac-Hütten
Karten: KOMPASS Nr. 616-619 (1:25.000), Nr. 55-59 (1:50.000).

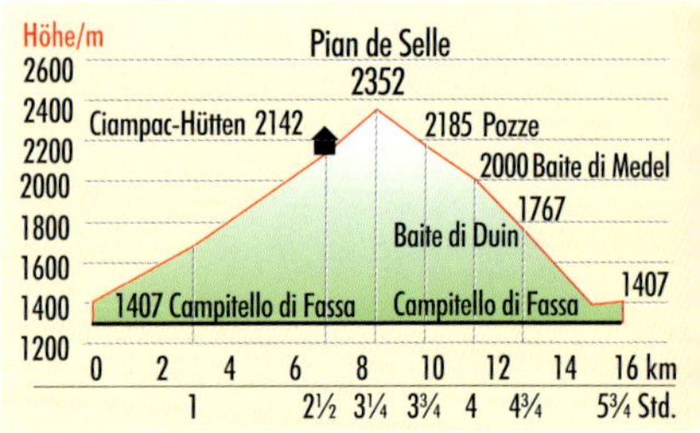

Vom östlichen Ende des riesigen Parkplatzes der **Col Rodella-Seilbahn** gehen wir 1,5 km links auf dem Cercenà-Forstweg in Richtung Canazei (der Weg verläuft parallel zur Autostraße). Nach einem kurzen asphaltierten Wegstück zwischen den Häusern bleiben wir auf dem Sträßchen bis wir nach ca. 20 Min. zu einer Weggabelung gelangen (1450 m). Den Wegweisern »Troi dei Ladins« (gelbe Rauten, Infotafel) folgend steigen wir nach rechts hinauf und ignorieren linker Hand die Markierung »Ciasates Alba«. Hier kreuzt nach ungefähr ¼ Std. eine Forststraße (1545 m), auf die wir uns für ein kurzes Stück begeben. Nach der ersten Kehre kommen wir aber wieder auf den Weg zurück. Auf einer Höhe von 1630 m erreichen wir nach einer weiteren ¼ Std. eine zweite Forststraße. Auf ihr gehen wir etwa 5 Min. abwärts bis zur ersten Kehre (Bänkchen) auf 1610 m. Ab hier haben wir dann rechter Hand wieder den Weg »Troi dei Ladins« (Wegweiser nach Cimpac-Contrin).

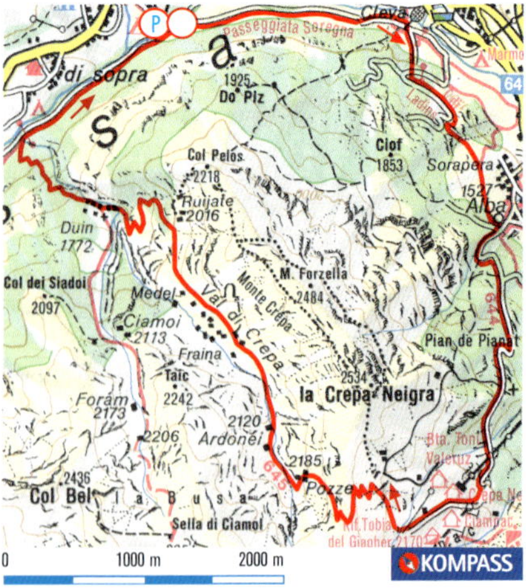

Blick vom Pian de Selle zum Ciampac und zur Marmolada.

In leichtem Aufstieg kommen wir - nach einer Gesamtgehzeit von 1 Std. - zu einer dritten Forststraße (1690 m). Auf dieser geht es nun 10 Min. abwärts bis zu einer weiteren, von Alba kommenden Forststraße (Brunnen, Kruzifix, Hinweistafeln). Auf der Straße aufwärts wandernd lassen wir die Abzweigungen in Richtung Contrin unberücksichtigt und erreichen den **Ciampac**, eine Wiesenmulde mit Seilbahnstation, Hütten und Skieinrichtungen. Zwischen der Ciampac-Hütte und dem Tobià del Giagher überqueren wir auf Weg Nr. 645 rechter Hand eine Wiese und beginnen dann mit dem Aufstieg Richtung Crepa Neigra, dem eindrucksvollen Spitzturm aus dunklem Fels im Westen des Tobels. An einem Heustadel vorbei steigen wir direkt zu dem Wiesengrat auf, der sich nach links zum Su l'Aut krümmt, und kommen zum **Pian de Selle**. Mit Blick ins Val di Crepa überschreiten wir diesen Übergang und steigen über Wiesen steil ab bis zum fast ebenen Grund des Bergkessels und weiter bis nach **Pozze**; erste Heustadel und Unterstände. Fast eben geht es weiter durch den ganzen Kessel bis zu den Baite von **Medèl** am Rande eines Absturzes. Die Abstiegsroute schlängelt sich an einigen Abgründen und an den Baite von **Duin** vorbei. Weiter geht es durch einen dichten Wald bis zu einer Schotterstraße, die am Avisio entlangführt und uns zu der neuen Brücke von **Fontanazzo di sotto** bringt.

Wir überqueren die Brücke nicht, bleiben auf der rechten Seite und schlendern auf ebenem Weg bis zum **Parkplatz** zurück.

36

Der Sass d'Adam und das Val Giumela

Ausgangspunkt: Bergstation der Buffaure-Gondelbahn (2025 m).
Zugang: Von Meida (Pozza di Fassa) mit der Buffaure-Gondelbahn bis zur Bergstation. Ist die Bahn nicht in Betrieb, 2 Std. Fußmarsch auf Weg Nr. 643.
Endpunkt: Meida, nahe bei der Talstation der Buffaure-Gondelbahn (1319 m).
Höhenunterschied: 400 m (1000 m ohne Gondel).
Gehzeit: 4 Std. (6 Std. ohne Gondel).
Charakter: Anstrengende bzw. steilere Teilstücke im An- und Abstieg.
Einkehr: Rif. Buffaure, Malga Giumela.
Karten: KOMPASS Nr. 619 (1:25.000), Nr. 59 (1:50.000).

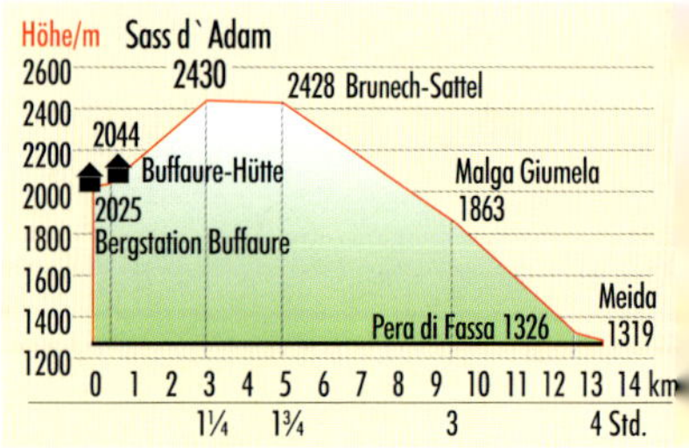

Die Gondel bringt uns von Meida auf eine Höhe von 2025 m zum **Buffaure di Sotto**, einem Wiesental, von dem aus der Blick schön über die Rosengarten- und die Monzoni-Gruppen schweifen kann. (Mit dem neuen Sessellift des »Col de Valvacin« kommen wir sogar bis auf 2354 m.) Von der Bergstation der Gondel biegen wir in das Sträßchen ein, das uns zum nahen **Rifugio Buffaure** (2044 m) bringt. An diesem gehen wir jedoch linker Hand vorbei und steigen über Wiesen bis zum Berggrat auf. Dem Grat folgend und über ein etwas anstrengendes Wegstück kommen wir zur Bergstation des Sessellifts (2354 m). Auf dem guten

Wanderweg entlang des Wiesengrates und über einen letzten Zwischenanstieg erreichen wir den Panoramagipfel des **Sass d'Adam**, der auch Sass de Dama oder Sass da Dam genannt wird (vermutlich von Dagn, agnello = Lamm).

Dieser nicht hohe, aber eigenwillige Berggrat erhebt sich zwischen den Täler Giumela und San Nicolò. Aufwärts steigend und über etliche Gratbuckel kletternd kommen wir zu einem Sättelchen und bald danach - über Wiesen - zur **Sella del Brunech**, wo der Ciampac-Sessellift endet.

Auf Weg Nr. 644 steigen wir in westlicher Richtung in eine Wiesenmulde ab und kommen nach ca. 20 Min. zu den bereits sichtbaren drei Gebäuden auf 2250 m Höhe. Auf gutem Saumpfad geht es nun im Talgrund am Bach entlang, der sich an der rechten Talseite durch Wiesen hinabschlängelt.

Bis zur **Malga Giumela**, einer Jausenstation, wird der Weg steiler, und durch einen dichten Wald geht es nun in direktem Abstieg bis zur Höhe 1500 m, wo - eine ¾ Std. später - Weg Nr. 644 b abgeht. Links in diesen Weg einbiegend, wandern wir in Kehren wieder durch einen Wald abwärts. Nach Überquerung der Brücke über den Giumela-Bach erreichen wir die ersten Häuser von Meida und auf einer Asphaltstraße den tiefer liegenden **Ausgangspunkt**.

Der Sass d'Adam und das Val Giumela, von der Sella del Brunech aus.

37

Zum Rifugio Passo San Nicolò

Ausgangs-/Endpunkt: Sauc (1735 m) im Val San Nicolò.
Zugang: Von Pozza di Fassa auf der asphaltierten Talstraße an der Malga Crocefisso (rechts) vorbei bis zu den Unterständen von Sauc (1735 m); Schranke, Parkplatz rechts jenseits des Rio San Nicolò.
Höhenunterschied: 600 m.
Gehzeit: 3½ Std.
Charakter: Aussichtsreiche Hüttenwanderung.
Einkehr: Baita Ciampiè, Rif. Passo San Nicolò.

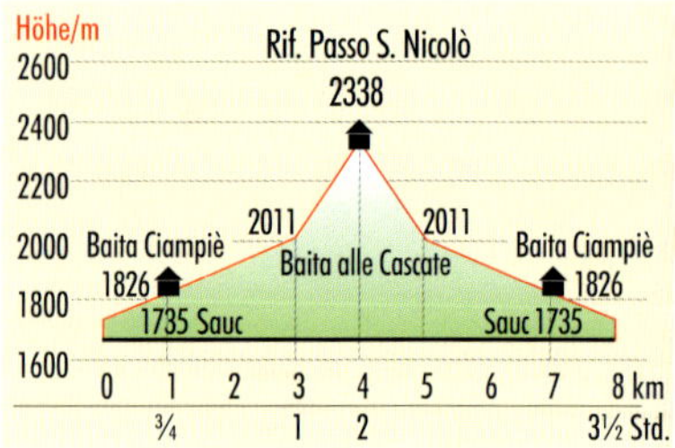

Karten: KOMPASS Nr. 619 (1:25.000), Nr. 59 (1:50.000).

Vom Parkplatz in **Sauc** (unterhalb der Straße) gehen wir zur Talstraße von San Nicolò hinauf und zur Schranke. An den vielen Unterständen von Mezzaselva vorbei wandern wir das Tal hinauf bis zur **Baita Ciampiè**, einem wundervoll gelegenen Rastpunkt linker Hand der Straße, die nun zum Feldweg wird.

Auf dieser Schotterstraße aufwärts wandernd kommen wir zu

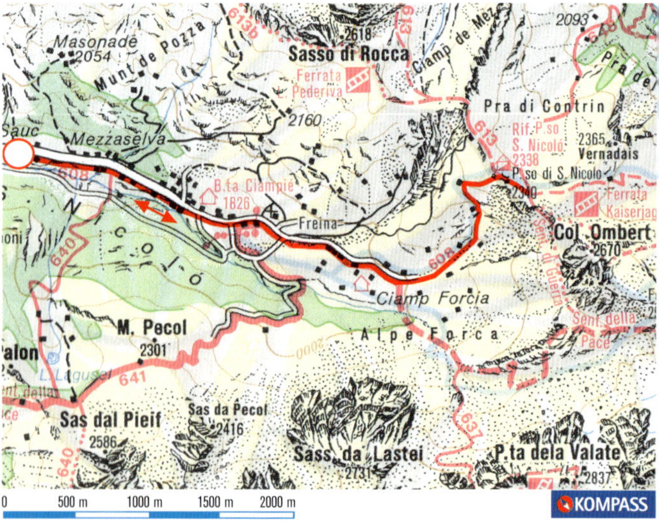

Rifugio Passo San Nicoló vor Sasso di Rocca und Colàc.

einer Weggabelung mit einem Kriegerdenkmal, das uns an die Gefallenen des Ersten Weltkriegs erinnert.
Wir überqueren rechts das Kiesbett des San Nicolò-Baches und erreichen die Wiesenmulde des Ciamp de Forcia mit seiner **Baita alle Cascate**, einem Rastpunkt. Wo Weg Nr. 609 rechts abbiegt in Richtung Forcella Paschè wandern wir auf Weg Nr. 608 weiter bis zum Talschluss und seinen Wiesen - immer mit Blick auf den Col Ombert. Nach einigen mühsamen Wegstrecken gewinnen wir immer mehr an Höhe und an Panoramablicken, bis hin zum weiten grasigen **Passo San Nicolò** mit seinem gleichnamigen **Rifugio**.
Die Aussicht auf Marmolada, den Großen und den Kleinen Vernèl, die Vedretta Vernale und viele andere Berge macht diesen Sattel zu einem geeigneten Rastplatz.
Die Umgebung ist auch anderweitig interessant, entdeckt man doch - ohne weitere Umwege zu machen - Spuren österreichischer Stellungen aus dem Ersten Weltkrieg. Von hier empfiehlt sich eine kurze Wegstrecke auf Nr. 613 in nordwestlicher Richtung, um zur romantischen Mulde des Ciamp de Mez zu gelangen, mit einem herrlichen Blick ins Contrin-Tal und auf die umgebenden imposanten Berge.
Der **Rückweg** erfolgt auf dem Anstiegsweg.

Über den Col Ombert

Ausgangs-/Endpunkt: Sauc (1735 m) im Val San Nicolò.
Zugang: Von Pozza di Fassa auf der asphaltierten Talstraße von San Nicolò an der Malga Crocefisso (rechts) vorbei bis Sauc; Schranke, Parkplatz rechts jenseits des Rio San Nicolò.
Höhenunterschied: 940 m.
Gehzeit: 5¾ Std.
Charakter: Steile und anstrengende Wegabschnitte.
Einkehr: Baita Ciampiè, Rifugio Passo San Nicolò.
Karten: KOMPASS Nr. 618, 619 (1:25.000), Nr. 55-59 (1:50.000).

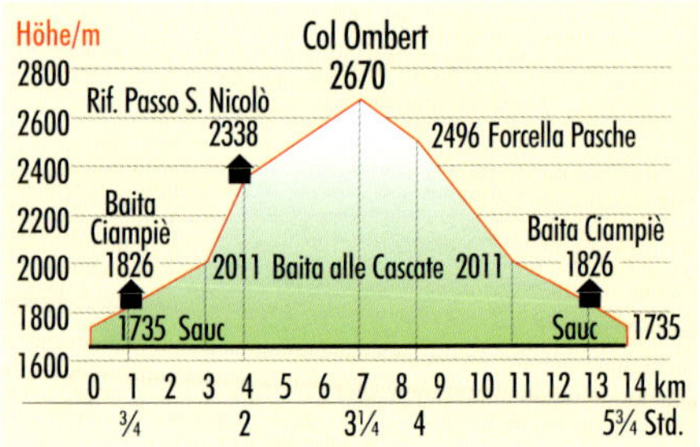

Vom Parkplatz in **Sauc** geht es wie in Tour 37 zur **Baita Ciampiè** und zu den Heustadeln von Diamp de Forcia hinauf. An der Baita alle Cascate (Wasserfälle) begeben wir uns links auf Weg Nr. 608 (der rechts abgehende Weg Nr. 609 wird unser Rückweg sein) und wandern etwas mühsam über Weiden und Wiesen bis zu **Pass** und **Rifugio San Nicolò** aufwärts. Vom Passübergang zei-

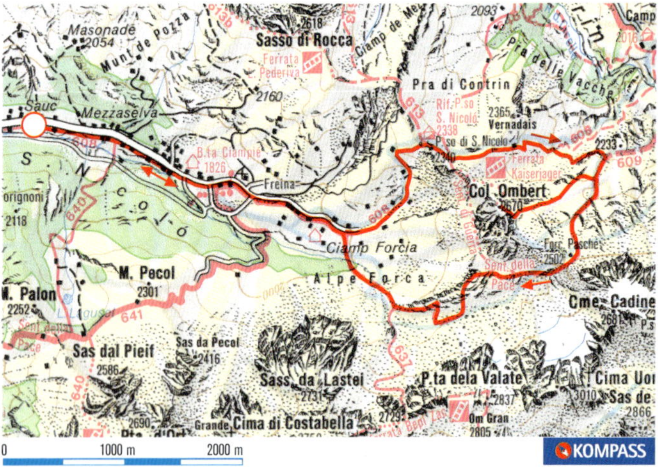

Der Col Ombert mit dem Rifugio Passo San Nicolò.

gen Wegweiser nach Osten. Ihnen folgen wir und gehen unterhalb der Nordflanke des Col Ombert weiter, zunächst ein wenig abwärts, bis wir jenseits die Felsen dei Lastèi di Contrin erreichen. Eine Felsnase beherbergt noch Stellungsreste aus dem Ersten Weltkrieg. Auch am Nordwesthang des Col Ombert kann man solche Kriegsspuren österreichischer Herkunft entdecken: Tunnel und Stellungen, Schützengräben und Beobachtungsstände sind heute noch - mit entsprechender Vorsicht - zu besichtigen.

Hinter der Felsnase und am Ende der Wände des Col Ombert geht es rechter Hand direkt durch eine Rinne hinauf bis zur Wiesen- und Geröllfläche der Lastèi di Contrin, knapp unterhalb der Forcella Paschè. Auf einem gut erkennbaren Pfad geht es nun rechts in nordöstlicher Richtung im Zickzack hinauf bis zum Panoramagipfel des **Col Ombert**, von wo wir von der Marmolada bis zum Kamm der Costabella sehen können.

Den Zickzackpfad über Geröll wieder zurückgehend kommen wir rasch zur **Forcella Paschè** und auf den Weg Nr. 609 mit Blick auf die Cima dell'Uomo. Wir steigen auf diesem Weg südlich vom Col Ombert stellenweise ziemlich steil ab und wandern an der Weggabelung (Nr. 637) vorbei, bis sich unser Weg mit dem Anstiegsweg (Nr. 608) nahe beim Ciamp de Forcia und oberhalb der **Baita alle Cascate** vereinigt (1 Std.). Von hier auf der Straße nach **Sauc** zurück.

39

Lagusèl und die Wasserfälle

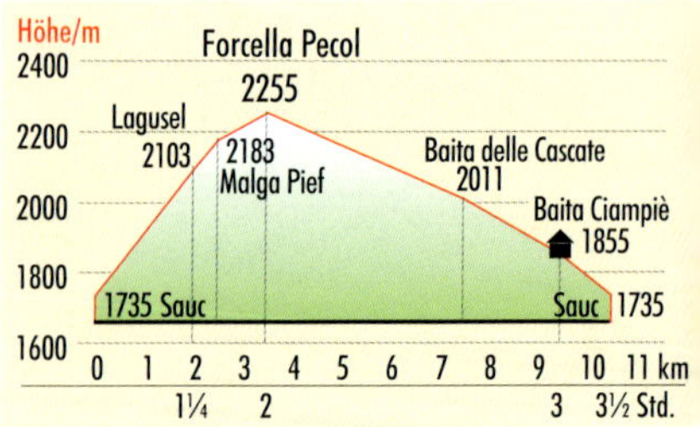

Ausgangs-/Endpunkt: Sauc (1735 m) im Val San Nicolò.
Zugang: Von Pozza di Fassa auf der asphaltierten Talstraße von San Nicolò an der Malga Crocefisso (rechts) vorbei bis Sauc (1735); Schranke, Parkplatz rechts jenseits des Rio San Nicolò.
Höhenunterschied: 520 m.
Gehzeit: 3½ Std.
Charakter: Bequeme und aussichtsreiche Wanderung zu See und Wasserfällen.
Einkehr: Baita Ciampiè.
Karten: KOMPASS Nr. 618-619 (1:25.000) Nr. 59 (1:50.000).

Vom oberen Teil des Parkplatzes von **Sauc** folgen wir der »Strada dei Russi« (Wegweiser nach Lagusèl) und biegen rechts in den Weg Nr. 640 ein. Hier geht es im Wald steil aufwärts bis zum Kruzifix Pauso del Pelegrin (1970 m). Weiter steil aufwärts durchqueren wir eine eingezäunte Rinne und kommen – hinter einem Gat-

Abstieg ins Val San Nicolò; im Hintergrund die Kette der Cima Uomo.

ter – aus der Vegetationszone heraus. Mit Blick auf den Sass dal Pief wandern wir eben zum romantischen **Lagusèl**, einem in einer Wiesenmulde schön gelegenen See. Der Weg führt rechts am See vorbei zu weiter oben liegenden Heustadeln, wobei wir dem Sass del Pief, der die obere Wiesenterrasse beherrscht, immer näher kommen.

Bei zwei Unterständen kreuzen sich die Wege Nr. 641 und der Sentiero Gino Badia, der auf Geröll unterhalb des Sass del Pief aufsteigt. Wir gehen nach links auf Weg Nr. 641 und wandern gemütlich über Wiesen aufwärts. Rückblickend immer wieder bemerkenswerte Ausblicke auf den Rosengarten. Der Weg wendet sich jetzt zur **Forcella Pecol** (Kruzifix), die oberhalb eines Brunnens leicht zu erreichen ist. Jenseits des Sattels, der sich zu Füßen des bescheidenen Sass da Pecol öffnet, geht es nun abwärts, durch ein Gatter und über Wiesen mit Blick auf den Col Ombert und ins Val San Nicolò. Im Wald weiter hinunter bis zur »Russenstraße«, auf der es nach rechts ein wenig aufwärts geht, bis zum Weg, der am San Nicolò Bach entlangführt. Auf ihm kommen wir zur charakteristischen **Baita alle Cascate** (Blick auf die Wasserfälle).

Nun links auf Weg Nr. 608 bis zur **Baita Ciampiè** und weiter auf der Straße bis Mezzaselva und zum Parkplatz in **Sauc**.

40

Rund um den Lagusèl

Ausgangs-/Endpunkt: Malga Crocefisso (1526 m) im Val San Nicolò.
Zugang: Von Pozza di Fassa auf der Asphaltstraße durchs Val San Nicolò (Parkplatz, Bar/Restaurant).
Höhenunterschied: 660 m.
Gehzeit: 3¾ Std.
Charakter: Leichte Rundwanderung.
Einkehr: Malga Crocefisso.

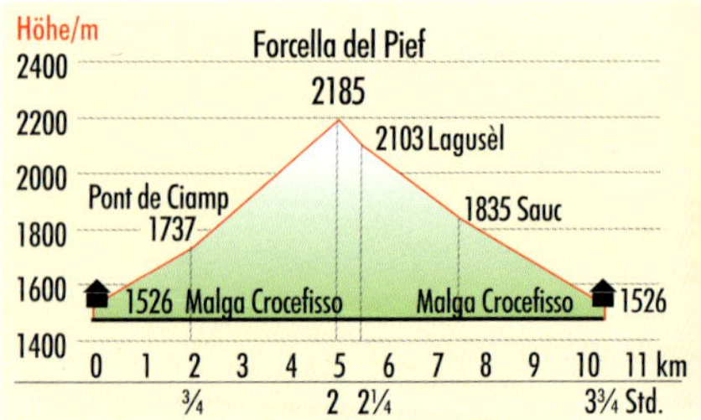

Karten: KOMPASS Nr. 618, 619 (1:25.000), Nr. 59 (1:50.000).

An der **Malga Crocefisso**, einer Alm mit Kirchlein und Bar/Restaurant, verlassen wir die Talstraße von San Nicolò und biegen rechts in das asphaltierte Sträßchen (Nr. 603) ein, das durch das Val dei Monzoni bis zum Rifugio Taramelli hochführt.

Gemütlich geht es durch einen Tannenwald, bis wir hinter einer Schranke mit Parkplatz und einer Wegverzweigung die **Ponte de**

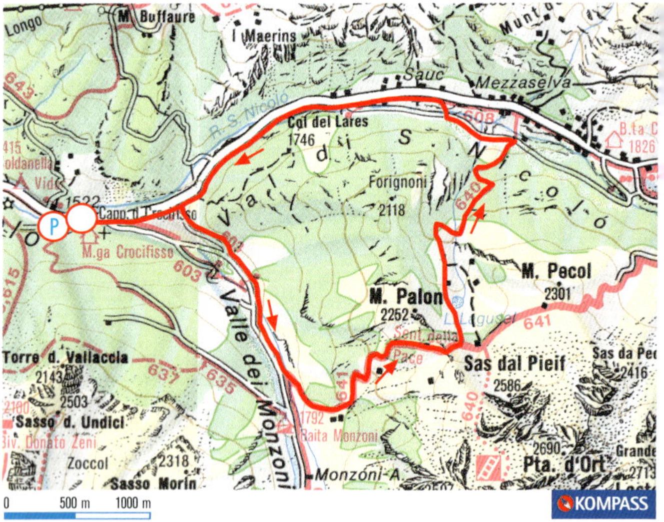

Der Lagusèl.

Ciamp erreichen. Hier zweigt linker Hand Weg Nr. 641 ab, dem wir nun weiter aufwärts folgen. Zu Anfang laufen wir über eine Wiese aufwärts, mit Blick auf die Malga Monzoni, später geht es steiler durch einen Wald.

Der Weg verläuft im Zickzack und schneidet eine »Direttissima«, deren Begehung allerdings bedeutend anstrengender ist. Über einige Hügel hinweg geht es weiter steil aufwärts bis zu einem Wiesensattel, der sich zwischen dem Palon und dem Sass dal Picf öffnet: die **Forcella del Pief**.

Von hier hat man einen herrlichen Ausblick auf den Rosengarten.

Der Weg verläuft nun gemütlich abwärts, führt an einigen Heustadeln vorbei und schneidet Weg Nr. 640, der von Mezzaselva heraufführt. In ihn biegen wir links ein und steigen in den lieblichen Talkessel ein, in dem der Lagusèl liegt. Wir gehen eben auf Weg Nr. 640 in nördlicher Richtung weiter, erreichen einen Wald (Gatterchen) und treten in einen Graben ein. Ab hier wird der Abstieg steil. Kurz nach dem Kruzifix del Pauso del Pelegrin (1970 m) kommen wir zur »Russenstraße«. Auf dieser Forststraße geht es weiter abwärts.

Nahe beim Parkplatz von **Sauc** (1735 m) treten wir aus dem Wald heraus, gehen über die Bachbrücke und steigen hoch zur Straße des Val San Nicolò. Wir halten uns nach links und wandern auf der Straße bis zu unserem **Ausgangspunkt** zurück.

41

Zum Rifugio Le Selle

Ausgangs-/Endpunkt: Parkplatz Val dei Monzoni (1620 m).
Zugang: Von Pozza di Fassa ins San Nicolò- und dann ins Monzoni-Tal.
Höhenunterschied: 900 m.
Gehzeit: 5 Std.
Charakter: Steilere Passagen.
Einkehr: Baita Monzoni, Rif. Taramelli, Rif. Passo Le Selle.
Karten: KOMPASS Nr. 618, 619 (1:25.000), Nr. 59 (1:50.000).

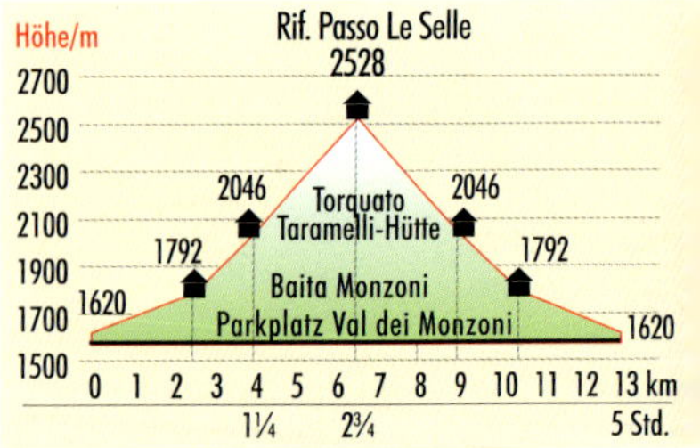

Anfahrt durch das Val San Nicolò. Bei der Malga Crocefisso biegen wir rechts in das **Val dei Monzoni** ab und können mit dem Auto noch bis zu dem kleinen Parkplatz an der Schranke (1620 m) fahren. (Normalerweise gibt es hier auch einen Taxi-Abholdienst bis zur Malga Monzoni.) Nun geht es auf Schusters

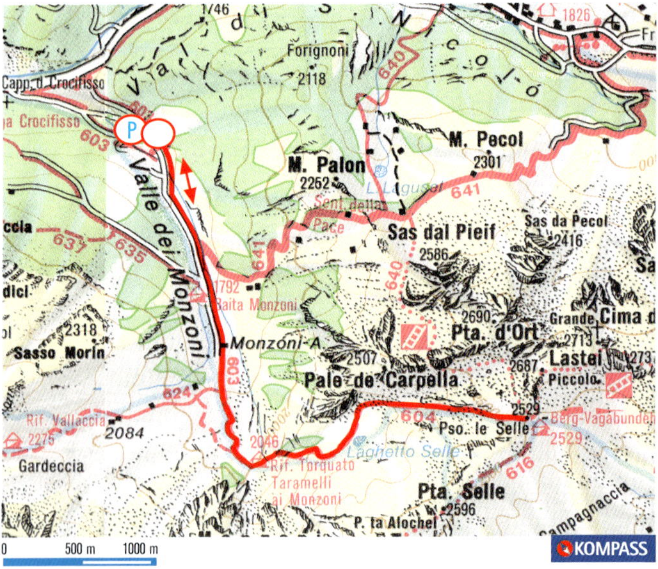

Das Val dei Monzoni und die Cima della Vallaccia.

Rappen weiter. Im Schatten eines Tannenwaldes folgen wir den Wegweisern 603 Richtung Rifugio Taramelli. Im Wald geht es in Kehren aufwärts, eine Forststraße bei einer Brücke lassen wir links liegen, treten bald darauf aus dem Wald heraus und kommen nach einer guten ¼ Std.. zum Abzweig des Weges Nr. 641 in der Nähe des Pont de Ciamp (1737 m).

An der **Baita Monzoni** (1792 m) vorbei und dann über ein weites Weidegebiet mit der Malga Monzoni (1862 m; großer Brunnen) kommen wir ½ Std. später zu Weg Nr. 624, an dem wir linker Hand vorbeigehen und auf Weg Nr. 603 bleiben. Zwischen Latschen und Zirbelkiefern geht es bergauf zu dem hübschen **Rifugio Torquato Taramelli**, einem aus Monzoni-Steinen auf einem kleinen Felsvorsprung erbauten Hüttchen. Der kubische Bau von 1903 ist dem Geologen Torquato Taramelli gewidmet, einem Schüler von Antonio Stoppani, der wiederum ein im Trentino bekannter Forscher war. Die Hütte wird von der SUSAT geführt, einer Universitätssektion der SAT, und vorwiegend für Studienaufenthalte genutzt.

Auf Weg Nr. 604 mit Blick auf die Pale di Carpella und die Punta delle Selle geht es nun steil hinauf ins Val delle Selle. Beim gleichnamigen See (2232 m) wandern wir über Wiesen und Geröll bis zum Ende des Tals (Reste von Kriegsstellungen) und zum aussichtsreichen **Rifugio Passo Le Selle**.

Der **Rückweg** erfolgt auf dem Anstiegsweg.

42

Der Sentiero Gino Badia

Ausgangs-/Endpunkt: Parkplatz Val dei Monzoni (1620 m).
Zugang: Von Pozza di Fassa durchs Val San Nicolò und dann ins Monzoni-Tal.
Höhenunterschied: 1000 m.
Gehzeit: 4¾ Std.
Charakter: Gerölliger Anstieg und gesicherte Passagen auf teilweise brüchigem Fels.
Einkehr: Rif. Passo Le Selle, Rif. Taramelli, Baita Monzoni.

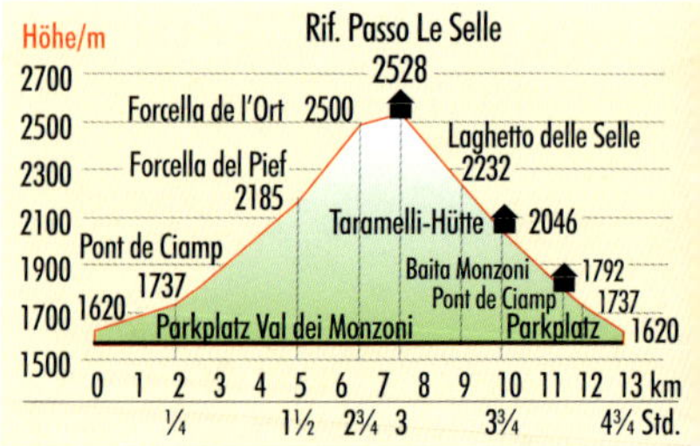

Karten: KOMPASS Nr. 618-619 (1:25.000), Nr. 59 (1:50.000).

Vom **Parkplatz** (Schranke) wandern wir auf Straße 603 hinauf in Richtung Rifugio Taramelli (normalerweise gibt es ab diesem Parkplatz einen Taxidienst bis zur Malga Monzoni). Links (Brücke) biegt eine Forststraße ein, an der wir vorbeigehen. Aus dem Wald heraustretend kommen wir beim **Pont de Ciamp** zum Weg Nr. 641.

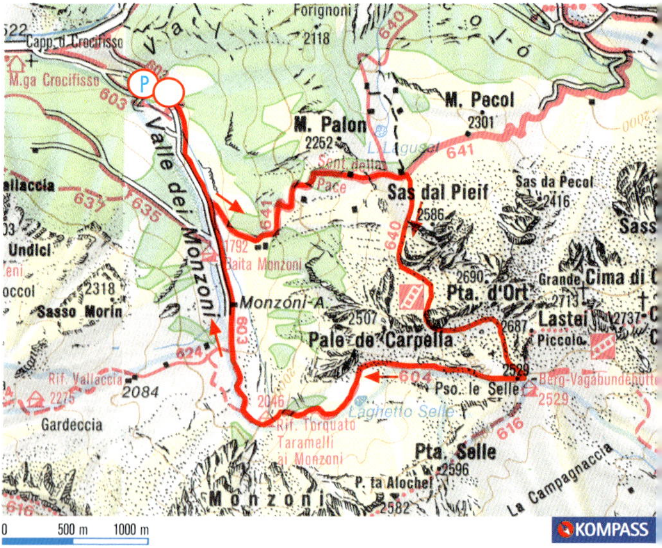

Der Bergkessel von Ort, durch den der Gino Badia-Weg (Nr. 641) verläuft.

In diesen biegen wir links ein, steigen auf einer Wiese aufwärts mit Blick auf die Malga Monzoni und die Vallaccia und kommen wieder in einen Wald. Vorbei an Tannen, Zirbelkiefern und Lärchen führt der Weg in Kehren bergwärts und öffnet sich bei der **Forcella del Pief** am Fuße des Sas dal Pief. Bei zwei Heustadeln geht es wieder abwärts. Dann verlassen wir Weg Nr. 641 und steigen rechter Hand über einen Wiesenweg hinauf, der die Verlängerung von Weg Nr. 640 darstellt. Dies ist der Gino Badia Weg. Auf ihm durchqueren wir erst eine Wiesenmulde, dann geht es über Geröll bis zur Basis des Sas dal Pief. Wir umwandern rechter Hand die Felsen, überqueren einen kleinen Sattel und gehen links weiter über Schutt unterhalb der Ostflanke des Sas dal Pief, bis wir zum Bergkessel von Ort kommen. Mühsam über Schotter geht es nun hinauf. Auf brüchigem Fels (Befestigungen) erreichen wir einen Einschnitt und dann ein Felsenband. Durch eine schmale Passage geht es hinauf zur **Forcella de l'Ort**. Am Südhang der Selle führt der Weg linker Hand über Geröllhalden abwärts. In einigem Auf und Ab und nach einem letzten Anstieg (Militäranlagen) erreichen wir auf Weg Nr. 604 mit wenigen Schritten das **Rifugio** auf dem **Passo delle Selle**. Weiter auf Weg Nr. 604 geht es nun hinunter in das große Tal (Laghetto delle Selle) bis zum **Rif. Taramelli**, zur **Malga Monzoni** (Nr. 603) und zum **Parkplatz**.

43

Rund um den Sasso delle Undici

Ausgangs-/Endpunkt: Pension Soldanella (1415 m) im Val San Nicolò.
Zugang: Von Pozza di Fassa über die Asphaltstraße des Val San Nicolò (Parkplatz nach 1,5 km).
Höhenunterschied: 1222 m.
Gehzeit: 6 Std.
Charakter: Teils steile, geröllige Passagen; oft Altschneereste.
Einkehr: Pension Soldanella, Rif. Vallaccia, Baita Monzoni, Malga Crocefisso.

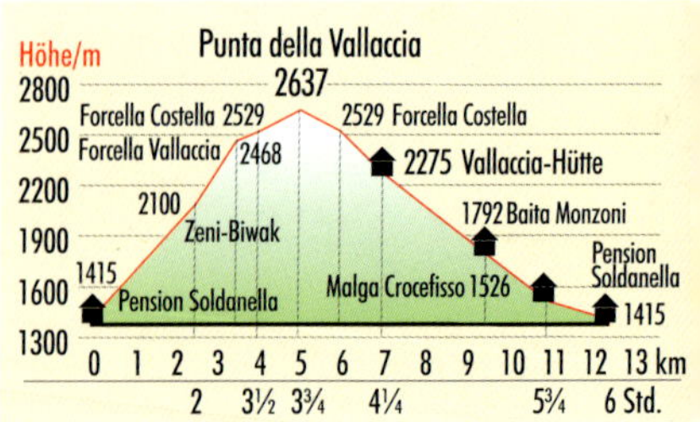

Karten: KOMPASS Nr. 618, 619 (1:25.000), Nr. 59 (1:50.000).

Bei der **Pension Soldanella** überqueren wir die große Talstraße und folgen den Wegweisern von Weg Nr. 615. Durch Wald geht es steil hinauf in die Vallaccia. In anstrengenden Kehren müssen wir nun – die letzten Lärchen hinter uns lassend

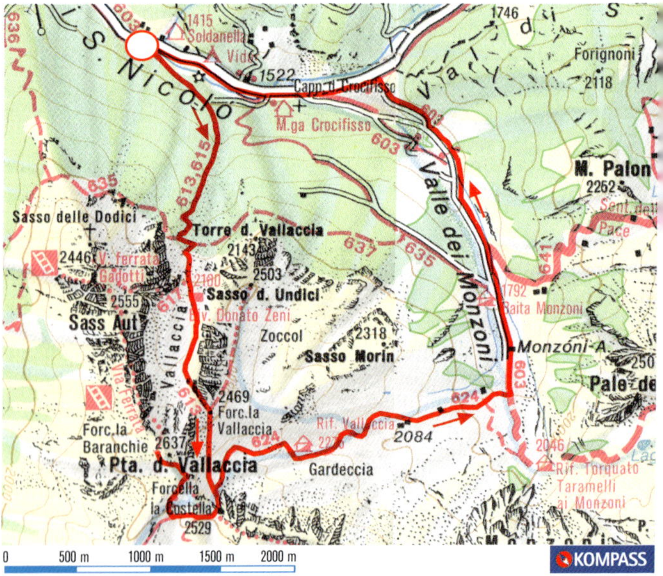

Der Sasso delle Dodici (rechts) und der Sasso delle Undici (links).

- über ein Geröllfeld. Beim Eintritt in die Vallaccia führt eine Geröllrinne genau zwischen dem Sasso delle Undici (links) und der Cima Dodici (rechts). Wir verlassen diese Rinne nach rechts (Felsblöcke, Drahtseil) und erreichen mit wenigen Schritten das **Bivacco Zeni**, die Wellblechhütte am Fuße der Cima Dodici.

An den Wegweisern zum Gadotti-Klettersteig gehen wir links vorbei, bleiben auf Weg Nr. 615 und kommen in eine weitere - größere - Rinne zwischen der Punta della Vallaccia und dem Berggrat des Sasso delle Undici. Steil geht es dieses - häufig eingeschneite - Kar aufwärts (Vorsicht!) bis zur **Forcella Vallaccia**. Von hier wandern wir entlang den Ostwänden der Punta della Vallaccia und kommen zur **Forcella Costella**. Über einen leicht zu begehenden, mit Steinen und Grasschollen versetzten Abhang steigen wir nordwärts zur **Punta della Vallaccia**.

Zur **Forcella Costella** zurückgekehrt nehmen wir Weg Nr. 624 und wandern auf der Flanke des Monzoni-Tals steil abwärts bis zum **Rifugio Vallaccia** mit Blick auf das Rifugio Taramelli, wohin unser Weg uns allerdings nicht führt. Über ausgedehnte Weiden geht es auf Weg Nr. 603, in den wir etwa bei der Malga Monzoni, nach links einbiegen, weiter abwärts. Auf dieser Talstraße kommen wir zur **Baita Monzoni** und ½ Std. später zur Einmündung des Wegs 641 auf der Höhe von 1737 m.

Am Waldende steht die **Malga Crocefisso**, unmittelbar an der Talstraße von San Nicolò. Wir wenden uns nach links und haben auf der Straße bald unseren **Ausgangspunkt** wieder erreicht.

Cima Dodici und Sass Aut

Ausgangs-/Endpunkt: Pension Soldanella (1415 m) im Val San Nicolò.
Zugang: Von Pozza di Fassa über die Talstraße von San Nicolò (Parkplatz nach 1,5 km).
Höhenunterschied: 1350 m.
Gehzeit: 8 Std.
Charakter: Klettersteig mit ausgesetzter Querung; im Abstieg oft Altschneereste.
Einkehr: Pension Soldanella.

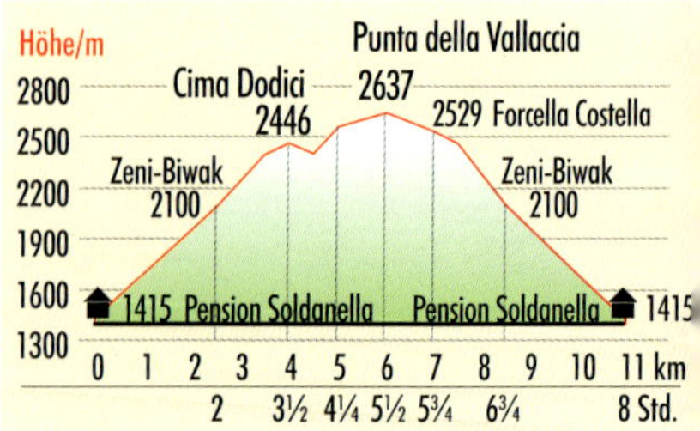

Karten: KOMPASS Nr. 618, 619 (1:25.000), Nr. 59 (1:50.000).

Bis zum **Bivacco Zeni** wie Tour 43. Danach rechts auf Weg 617 bis zum Einstieg des Klettersteigs »Franco Gadotti«. Mit Hilfe von Seilen und Sprossen wird eine steile, mit Terrassen und Rinnen versehene Wand überwunden, danach ein steiler Grashang. Über eine Rinne gelangen wir zu einem Einschnitt, von dem aus es in einer Geröllmulde abwärts geht. Hier weiter, rechts haltend, zu einer Einsattelung des Berggrats zwischen Sass Aut und rechts hinauf zum Gipfel der **Cima Dodici**.

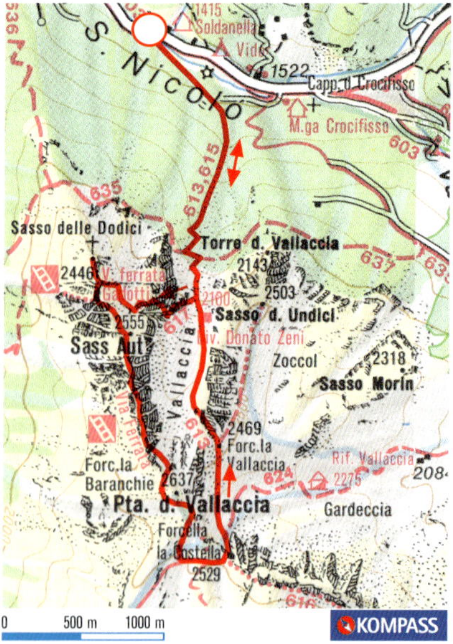

Zum Sattel (2400 m) zurückgekehrt, gehen wir nun auf Weg 630 weiter aufwärts über eine Rinne und eine seilgesicherte Wand bis wir zu einem freien Grasplatz auf dem **Sass Aut** gelangen.
Von dessen Rand aus (tiefer Graben) führt der Weg jetzt abwärts über

Geröll oder Schnee zum Bus del Diaol, einer gesicherten Klettersteigpassage direkt unterhalb eines Felsens. Über Geröll geht es wieder hinauf zu einem Gratsattel, von dort zur **Punta della Vallaccia**. Auf Weg 615 wieder abwärts zur **Forcella Costella**, dann zur **Forcella della Vallaccia**. Durch eine weitere abschüssige Geröllrinne, in der unter Umständen Schnee liegen kann (Vorsicht!), wandern wir in der Vallaccia bis zum **Bivacco Zeni** und kehren auf Weg 615 zur **Pension Soldanella** zurück.

Die erste Querung an der Ferrata Franco Gadotti.

45

Rund um die Cima Dodici

Ausgangs-/Endpunkt: Meida (1319 m).
Zugang: Von Pozza di Fassa (Parkplatz auf der Straße beim Abzweig zur Malga Alloch).
Höhenunterschied: 1130 m.
Gehzeit: 6½ Std.
Charakter: Klettersteig mit exponierten Stellen; steiler Abstieg.
Einkehr: Pension Soldanella.
Karten: KOMPASS Nr. 618, 619 (1:25.000), Nr. 59 (1:50.000).

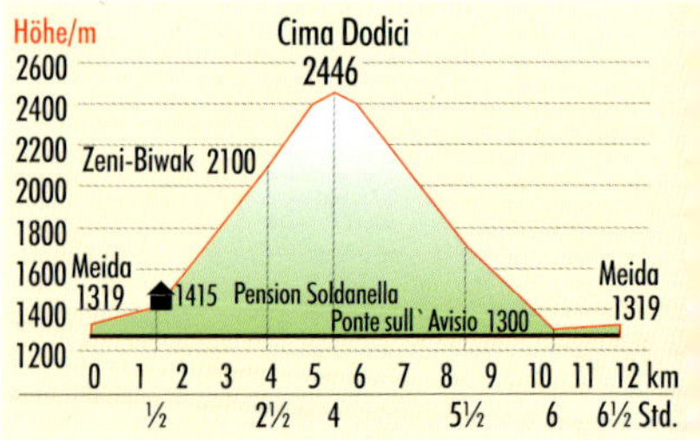

Von **Meida** wandern wir auf der Asphaltstraße, die durch das Val San Nicolò, führt, aufwärts bis zur **Pension Soldanella**. Steiler werdend geht es immer weiter aufwärts und durch Wald wie bei Tour 44 auf Weg Nr. 615, bis wir die Lärchen auf der Höhe der Vallaccia erreichen. Über Geröll gelangen wir zu einer Rinne und verlassen diese wieder nach rechts (Felsbrocken, Drahtseil), um nach

Sonnenuntergang über der Monzoni-Gruppe.

kurzer Zeit das **Bivacco Zeni** am Fuße der Cima Dodici zu erreichen. Wir wenden uns nach rechts (Westen) und folgen den Wegweisern der »Ferrata Franco Gadotti« (Nr. 617). Mit Hilfe von Fixseilen und Sprossen ist nun eine erste steile, mit Terrassen und Rinnen versehene Wand hochzusteigen, bis wir einen Grashang und danach eine weitere Rinne erreichen. Aus ihr kommen wir bei einem Einschnitt heraus und steigen in eine schöne Geröllmulde ab. Nun über eine Einsattelung des Bergkamms zwischen Sass Aut und der **Cima Dodici** bis zum Gipfelkreuz des letzteren. Nach der Gipfelbesteigung wandern wir zum Sattel zurück, der sich auf einer Höhe von 2400 m auf dem Grat zwischen der Cima Dodici und dem Sass Aut befindet, und verlassen Weg Nr. 617. Statt dessen biegen wir rechts in Weg Nr. 630 ein und wandern in Richtung Val di Fassa. Der steile Abstieg verläuft direkt im Anblick des gegenüber liegenden Rosengartens. Nach einem schon viel tiefer liegenden Grashang umgehen wir eine Felsenspitze des Sass de la Una (auch Torre Una). Immer noch steil, aber durch Vegetation geht es abwärts, bis wir nach 1½ Std. zur Lichtung von Pociace (1703 m) gelangen. Auf einer Straße wandern wir über den undurchdringlich dicht bewaldeten Berghang hinunter bis zur **Brücke** über den Avisio. Nach rechts steigt die Forststraße ein wenig an bis zu einer Wegeinmündung. Das Sträßchen führt zur Malga Alloch; wir aber bleiben auf unserem Weg, wandern durch Wald und Talwiesen am Antico Bagno vorbei bis zu den ersten Häusern von Meida und weiter zum **Ausgangspunkt**.

46

Zum Piz Meda

Ausgangs-/Endpunkt: Soraga, Ortsteil Sala (1260 m).
Zugang: Von Soraga (Staatsstraße 48) auf der Asphaltstraße hinauf zu den Häusern von Sala. Parkmöglichkeit seitlich der abschüssigen Straße.
Höhenunterschied: 940 m.
Gehzeit: 5¾ Std.
Charakter: Teilweise steile und mühsame Abschnitte.

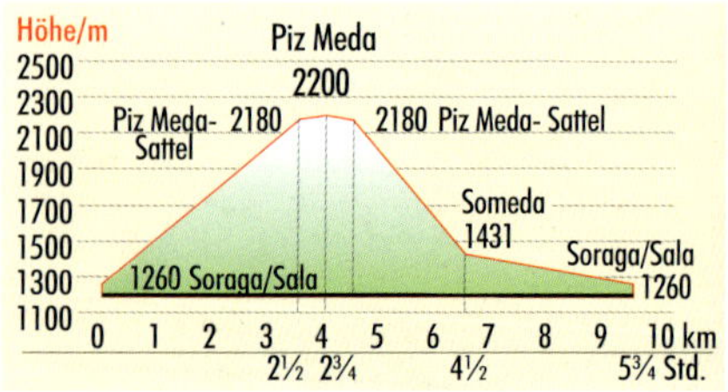

Einkehr: Unterwegs keine.
Karten: KOMPASS Nr. 618, 619 (1:25.000), Nr. 59 (1:50.000).

Von **Sala** wandern wir das Sträßchen (Nr. 616) hinauf durch den Wald von Soraga westlich der Vallaccia. Auf etwas mühsamem Pfad geht es an einer Forststraße vorbei immer weiter aufwärts durch Wald bis wir nach 1½ Std. zur Verzweigung mit Weg Nr. 642, der ins Besado führt, gelangen. Wir folgen weiter unserem Weg bis zum Sättelchen des **Piz Meda**, wo Weg Nr. 620 kreuzt.

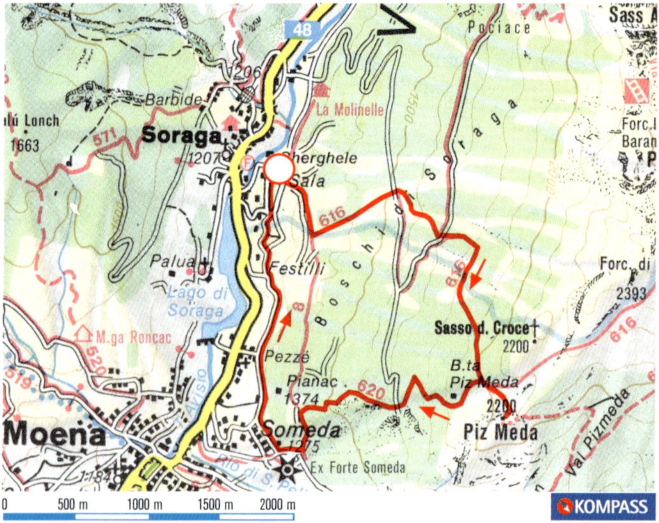

Der Piz Meda, Moena und der Einschnitt des Val San Pellegrino.

Auf diesem Weg erreichen wir in 10 Min. den Südwestgipfel des Grats und bald danach den **Piz Meda** selbst.

Wir kehren auf den kleinen Sattel zurück (10 Min.), wandern über eine Wiese und biegen links in Weg 620 ein, der durch ein grünes Tälchen Richtung Moena führt. Auf steilem, aber bequemem Weg geht es weiter abwärts bis zum Waldrand (Forststraße) und zu einer weiteren Forststraße, die hier rechts nach Pianac abbiegt. Wir bleiben auf unserem Weg, der bald mitten durch Wiesen weiter abwärts führt.

Bald sind wir in **Someda** und biegen unterhalb der Kirche rechts in ein Sträßchen Richtung Soraga ein. Auf diesem schlendern wir gemütlich zum **Ausgangspunkt**.

47

Der Bepi-Zac-Klettersteig

Ausgangs-/Endpunkt: Passo San Pellegrino (1907 m).
Zugang: Von Moena auf der Staatsstraße 346 zum Ospizio auf dem San Pellegrino-Pass.
Höhenunterschied: Ca. 1000 m.
Gehzeit: 6¼ Std.
Charakter: Klettersteig mit vielen Relikten der Kriegszeit.
Einkehr: Rif. Passo Le Selle.
Karten: KOMPASS Nr. 618-619 (1:25.000), Nr. 55-59 (1:50.000).

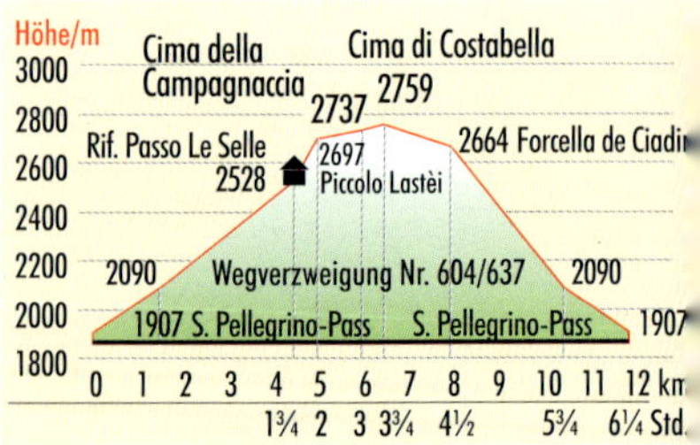

Vom Hospiz auf dem **Passo San Pellegrino** biegen wir in das Sträßchen Nr. 604 Richtung Hotel Cima Uomo ab. Hinter einer Schranke wenden wir uns nach links und steigen über Wiesen hinauf. Wir kommen zu einer Schotterstraße und steigen auf ihr bis zur **Wegverzweigung** mit Weg Nr. 637b auf (unser Rückweg!).

Jetzt wenden wir uns nach links, d.h. wir bleiben auf unserem Weg Nr. 604 und wandern durch die Campagnaccia bis zum **Passo Le Selle**, wo sich das **Rifugio** gleichen Namens befindet, das auch unter der deutschen Bezeichnung »Berg-Vagabunden-Hütte« bekannt ist. Der Klettersteig Bepi Zac verläuft auf dem Costabella-Kamm mitten durch Kriegsstellungen aus dem Ersten Weltkrieg.

Den Wegweisern (Nr. 637) folgend steigen wir auf den ersten Kammgipfel oberhalb des Passes. Über Geröll und Steinbrocken geht es weiter hinauf zum **Piccolo Lastèi**, danach abwärts zu einer kleinen Scharte und dann wieder hinauf auf die Westseite des Grande Lastèi und nach rund 2½ Std. zum Gipfel (2713 m; Tunnel). Vorbei an verfallenen Kriegseinrichtungen überschreiten wir eine Zwischenerhöhung und kommen zu weiteren befestigten Laufgräben (Vorsicht!). Einige aus dem Ersten Weltkrieg noch vorhandene Holzkonstruktionen und Stufen wurden inzwischen aus Sicherheitsgründen ausgebessert. Wir kommen zu einem Felsenband und einem Einschnitt und steigen auf Geröll aufwärts. Hinter einer Rinne gelangen wir zur **Cima della Campagnaccia**. Nun geht es in östlicher Richtung zum Sattel des Banc di Campagnaccia (2690 m) hinunter (hier eventuell umkehren) und danach wieder hinauf, über Geröll, zur **Cima di Costabella**. Auf dem gegenüber liegenden Hang geht es am Kamm gut ½ Std. über Felsblöcke abwärts bis zu einem weiten Tobel, in den der Weg Nr. 637 b einmündet (2715 m). Auf ihm weiter bis zum Sasso di Costabella (Kriegsstellungen), von wo wir zur Forcella de Ciadin traversieren (20 Min.). Nun rechts hinunter über steile Geröllhalden (Wegweiser), später über Wiesen, bis wir wieder die **Wegverzweigung** mit Weg Nr. 604 erreichen (1.20 Std.), auf dem wir dann zum **Passo San Pellegrino** zurückwandern.

Rifugio Passo Le Selle und Einstieg in den Bepi-Zac-Klettersteig.

48

Der Mariotta-Höhenweg

Ausgangspunkt: Bergstation der Seilbahn Col Margherita (2513 m).
Zugang: Vom Passo di San Pellegrino (Parkplatz und Seilbahnstation wenig unterhalb des Passes, rechts von Staatsstraße 346) mit Seilbahn zur Bergstation des Col Margherita (Tel. 0462/57 34 40).

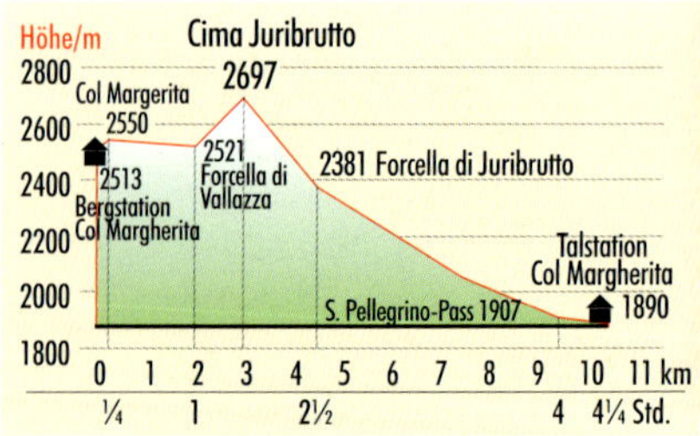

Endpunkt: Talstation der Seilbahn Col Margherita (1847 m).
Höhenunterschied: 250 m.
Gehzeit: 4½ Std.
Charakter: Stellenweise mühsam.
Einkehr: Bergstation Col Margherita.
Karten: KOMPASS Nr. 619 (1:25.000), Nr. 76 (1:50.000).

Von der **Bergstation** der Seilbahn (Bar) steigen wir auf markiertem Weg zum Gipfel des **Col Margherita** hinauf und befinden uns schon nach wenigen Minuten auf der grandiosen Aussichtsplattform. Den Schildern nach rechts folgend steigen wir über die

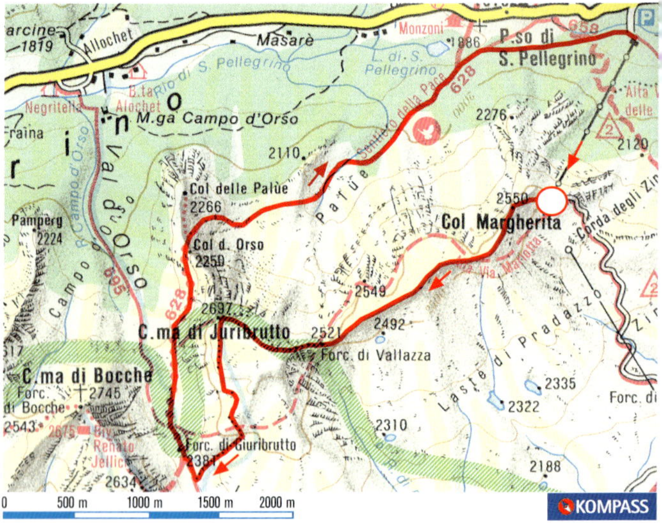

Auf dem Mariotta-Höhenweg zur Cima Juribrutto.

großen Platten des Mariotta-Höhenwegs ab, immer dem mit Kriegsresten versehenen Felsenkamm entlang nach Südwesten. Mit etwas Glück können wir auf dieser grünen Hochebene Pferde grasen sehen. Bald erreichen wir den eigentlichen Pass zwischen dem Bergkamm des Col Margherita und der höheren Cima Juribrutto: die **Forcella di Vallazza**. Hier teilt sich der Weg. Der ausgeschilderte flache Weg führt um die Ostflanke der Cima Juribrutto herum zur Forcella di Juribrutto. Es empfiehlt sich jedoch der mühsamere Weg auf den Südostrücken der Cima Juribrutto (weiß-schwarze Wegweiser), um sich die hier noch zahlreich vorhandenen Kriegseinrichtungen aus dem Ersten Weltkrieg, die beinahe eine Militärbastion bilden, anzusehen. Nach dieser anstrengenden Wegstrecke folgt ein leichter Anstieg entlang eines langen Laufgrabens bis zum Gipfel der **Cima Juribrutto**, einem optimalen Aussichtspunkt. Hier müssen wir auf den Wegweiser achten! Er zeigt abwärts, und auf dem alten Weg erreichen wir in kurzer Zeit die **Forcella di Juribrutto**. Hier kreuzen sich die Wege 628 und 629. Wir biegen nach rechts auf Weg Nr. 628 ab und steigen nach Norden in Richtung zum Campo d'Orso immer direkt unterhalb der rechtsseitigen Felsenwände an der Westseite der Cima Juribrutto ab. Hinter dem Passo dell'Orso (Bärenpass) geht es über zwei Grashänge abwärts und an einer Malga nahe beim **San Pellegrino-Pass** vorbei. Ab hier folgt ein gemütlicher Spaziergang bis zum Grund der Grasmulde, wo sich die **Talstation** der Seilbahn befindet.

49

Rund um den Grontón

Ausgangs-/Endpunkt: Ortschaft Fango (1643 m).
Zugang: Von Moena auf der Staatsstraße 346 ins Val San Pellegrino bis Fango. Parkplatz beim Albergo Bucaneve.
Höhenunterschied: 1180 m.
Gehzeit: 7½ Std.
Charakter: Langer Zu- und Abstieg, Klettersteig mit ausgesetzten Passagen.
Einkehr: Malga Campo d'Orso.

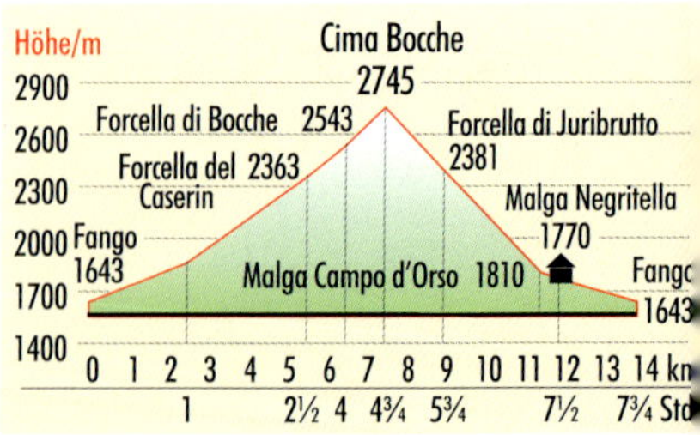

Karten: KOMPASS Nr. 618-619 (1:25.000) Nr. 76 (1:50.000).

Vom Albergo Bucaneve in **Fango** überqueren wir den Bach San Pellegrino und wandern auf Weg Nr. 625 durch Wald in südwestlicher Richtung. Auf der Höhe von 1817 m überqueren wir einen weiteren Bach (Rio Cadinon) und lassen einen links abzweigenden Weg (621) unbeachtet. Hinter einem dritten Bach – Rio delle Sold – geht es auf einer Forststraße links hinauf bis auf 1875 m, wo nach 1 Std. Aufstieg links ein Karrenweg (Nr. 634) abzweigt. Auf ihm verlassen wir die Waldzone und steigen in das Tal zu Füßen

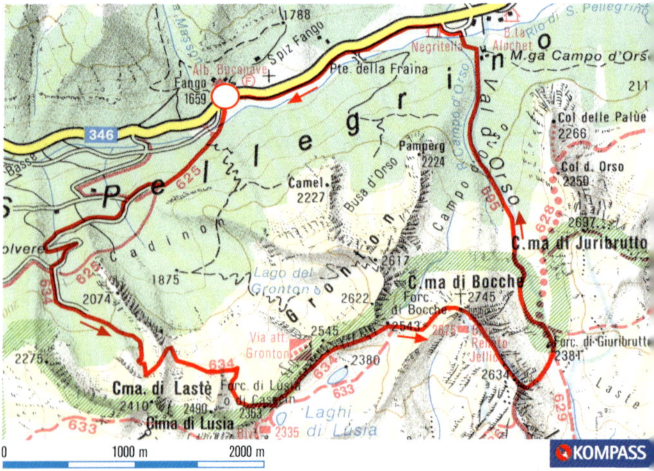

Auf dem Grontón-Klettersteig; im Hintergrund einer der Laghi di Lusia.

der Cima di Lastè auf, indem wir nach Osten über Geröll traversieren. Schließlich windet sich der Weg in steilem Aufstieg nach rechts, und wir erreichen bei der Kreuzung der Wege 621 und 634 die felsige **Forcella del Caserin** (oder: di Lusia).

Hier steigen wir links in den Grontón-Klettersteig (Nr. 634) ein und klettern in Kehren auf Felsbändern und Platten hinauf, vorbei an Barackenruinen und einer (ausgesetzten) Scharte. Durch tiefe Rinnen erreichen wir beim Berggrat (Überreste von Kriegseinrichtungen) nach einer guten Stunde ein Sättelchen des Grontón-Kammes (2610 m). Hier geht es steil hinunter zur nahen **Forcella di Bocche** und auf Weg Nr. 633 wieder hinauf, über Geröll und Schützengräben und vorbei am Bivacco Jellici, bis zur **Cima Bocche**. Auf dem hier einmündenden Weg 628 steigen wir über den Kamm in knapp einer ¾ Std. nach Süden ab zu den Lastè di Bocche (2550 m). Dann geht es scharf links, aber immer noch auf Weg Nr. 628, in die felsige Rinne unterhalb der **Forcella di Juribrutto**. Weiter auf Weg 628 steigen wir nun in nördlicher Richtung zwischen Felsblöcken und großen Platten hinunter bis wir nach 10 Min. eine ausgeschilderte Weggabelung (2340 m) erreichen. Hier verlassen wir Weg 628 und steigen links ins Val Campo d'Orso ab, vorbei an der **Malga Campo d'Orso**, über den Rio San Pellegrino und vorbei an der **Malga Negritella**. Auf der Asphaltstraße kehren wir Richtung Westen (links) zum Ausgangspunkt nach **Fango** zurück.

50

Der Sas da Mezdì

Ausgangs-/Endpunkt: Mittelstation der Lusia-Seilbahn (1831 m).
Zugang: Von Ronchi (auf der Staatsstraße 346, ca. 3 km von Moena entfernt) mit der Lusia-Seilbahn zur Mittelstation (Valbona, 1831 m), oder auf steiler Straße mit dem Auto bis zum Rifugio Rezila (1761 m) und von dort auf recht bequemem Weg zur Mittelstation laufen.
Höhenunterschied: 480 m.
Gehzeit: 3 Std.

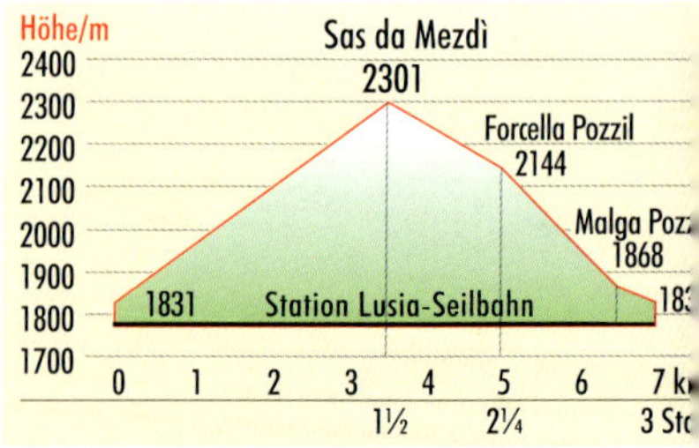

Charakter: Teilweise steiniger Bergpfad
Einkehr: Unterwegs keine.
Karten: KOMPASS Nr. 618, 619, 62 (1:25.000), Nr. 76 (1:50.000).

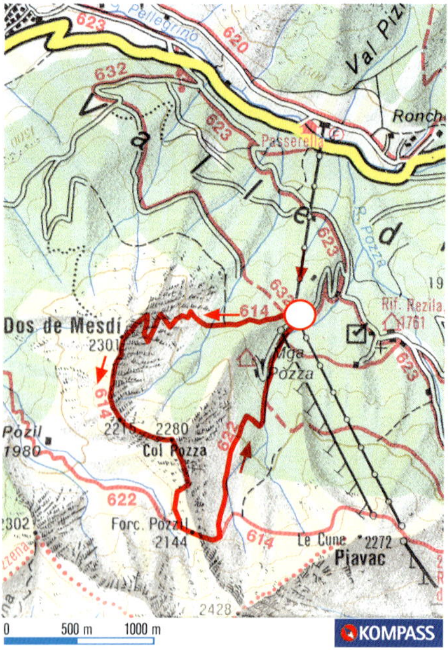

Von der **Mittelstation der Lusia-Seilbahn** wenden wir uns nach rechts und wandern auf Weg Nr. 614 über Wiesen bequem aufwärts.
Dann geht es in einen Wald hinein und durch ein enges, tiefes Tal anschließend in zahlreichen Kehren durch Macchiagebüsch immer weiter aufwärts. An der Ostflanke des Sas da Mezdì erreichen wir eine Bergschulter, auf der sich noch Kriegsreste befinden. Über steiniges Geröll und Grasschollen gelangen wir auf den aussichtsreichen Kamm und wandern

Auf dem Gipfel des Sas da Mezdì.

uf ihm zum nahen Gipfel des as da Mezdì. Die Rundumsicht ber die Fassaner Dolomiten und ie Ortschaften im Tal – von Soaga bis zu denen am Fuße des angkofels – ist bei klarem Weter großartig und lädt zu einer usgiebigen Gipfelrast ein.

Vir bleiben auf Weg Nr. 614 und vandern mit ihm den ganzen rasigen Kamm in Richtung Süen entlang. Der markierte Weg ietet keine Schwierigkeiten und berquert oder umgeht in der olge fünf Grashügel, um danach u einer kleinen Scharte zwischen dem Sas da Mezdì und em Col Pozza auf Kote 2215 abufallen. Vom Gipfel des Sas da Mezdì bis hierher benötigen wir ine knappe ½ Std. Danach gewinnen wir wieder an Höhe und urchwandern die Westflanke des Col Pozza. Nach ca. 10 Min. erreichen wir den Südkamm, verlassen ihn aber bald wieder, indem wir nach rechts absteigen und uns damit einige Felsvorsprünge ersparen.

Immer weiter abwärts gehend, kommen wir nach weiteren 10 Min. in fast ebenes Gelände, wo nahe bei der **Forcella Pozzil** sich die Wege 614 (Richtung Passo Lusia) und 622 kreuzen. Wir bleiben auf letzterem und steigen in nordöstlicher Richtung in ein Tälchen ab, bis wir nach einer knappen ½ Std. auf schmaler Straße bei Kote 1943 ankommen.

Auf einem Feldweg geht es weiter, an der **Malga Pozza** vorbei, bis wir unseren Ausgangspunkt, die **Mittelstation** der Seilbahn wieder erreicht haben.

51

Der Grontón-Klettersteig

Ausgangs-/Endpunkt: Bergstation der Lusia-Seilbahn (2202 m).
Zugang: Von Ronchi (auf Staatsstraße 346, ca. 3 km von Moena entfernt) mit der Lusia-Seilbahn zur Bergstation auf 2202 m oder mit dem Auto auf steilem Feldweg zum Rif. Passo Lusia (2055 m).
Höhenunterschied: 740 m.
Gehzeit: 6½ Std.
Charakter: Sehr schwierig.

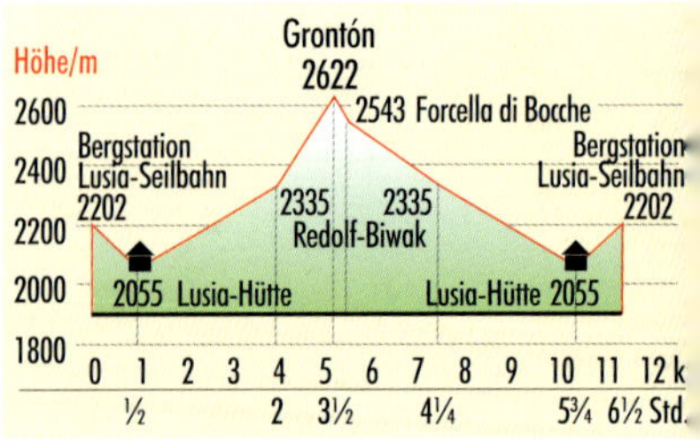

Einkehr: Rif. Passo Lusia.
Karten: KOMPASS Nr. 618 (1:25.000), N 76 (1:50.000).

Von der **Bergstation der Lusia-Seilbahn** (Le Cune) steigen wir auf Weg Nr. 614 zum nahe gelegenen **Rifugio Passo Lusia** ab, das sich auf einem ausgedehnten Grassattel befindet. An den Wegeinmündungen 660 und 623 vo bei gehen wir nach links auf We Nr. 633. Nun geht es östlich von Passo Lusia über Wiesen hinau bis sich der Weg nach recht wendet und uns südlich der Cim

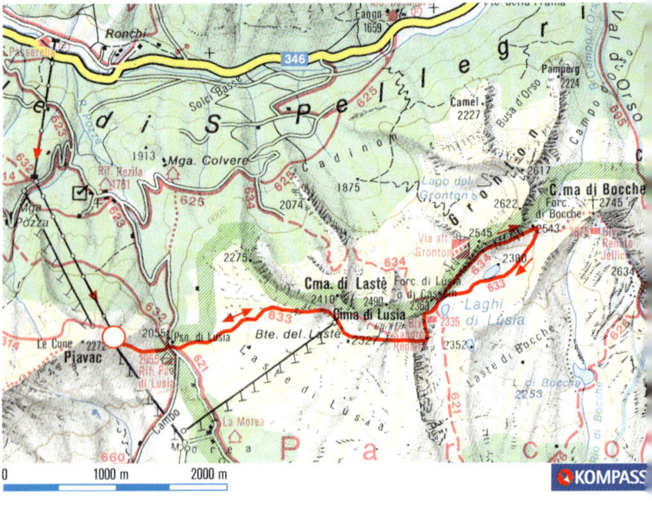

Das Bivacco Sandro Redolf bei den Laghi di Lusia. Im Hintergrund der Grontón-Grat. Der Klettersteig verläuft auf der anderen Gratseite.

.astè zu den Baite del Lastè 3aic' del Lastè; 2327 m) bringt zwei ständig geöffnete und als ;igentum der Gemeinde von Ioena ausgewiesene Biwaks.
\uf einem Kriegssaumpfad geht s über Gras weiter, bis wir eine 'charte erreichen (rechts Tunnel ei einem Rücken), von wo wir um bereits sichtbaren **Bivacco ;andro Redolf** am Ufer des Lago i Lusia absteigen. Hier kreuzt Veg Nr. 621.
'om Biwak folgen wir ein kurzes tück dem steilen Weg 621 und teigen zur Forcella del Caserin 2363 m; 10 Min.). Danach biegen vir rechts in den Grontón-Klettersteig mit der Nummer 634 ein. :r verläuft auf Felsbändern Seile) unterhalb des Kamms. \uch hier - vom Nordhang bis zum Cadinon - begegnen wir Kriegseinrichtungen. Wir überqueren zwei Einschnitte und kommen nach einigen ausgesetzten Passagen zu einem schmalen Band. Vom Grat haben wir einen schönen Blick in die Mulde, in denen sich die Laghi di Lusia befinden. Bei einer Scharte erreichen wir den Rücken des **Grontón**.
Nun steigen wir zur nahen **Forcella di Bocche** ab und wenden uns scharf nach rechts, um im Süden auf Weg Nr. 633 zu stoßen. Er fällt in das Lusia-Seenbecken ab (2380–2333 m) und bringt uns zum **Bivacco Sandro Redolf**. Weiter auf Weg 633 kehren wir zum **Passo di Lusia** zurück und auf Weg 614 zur **Bergstation** der Seilbahn bei Le Cune.